Das Steuer-Taschenbuch

Der Ratgeber für Studierende und Eltern

von
Diplom-Kaufmann
Gerhard Dürr

Oldenbourg Verlag München Wien

Bildnachweise: www.sxc.hu

Bibliografische Information der Deutschen Nationalbibliothek

Die Deutsche Nationalbibliothek verzeichnet diese Publikation in der Deutschen Nationalbibliografie; detaillierte bibliografische Daten sind im Internet über <http://dnb.d-nb.de> abrufbar.

© 2008 Oldenbourg Wissenschaftsverlag GmbH
Rosenheimer Straße 145, D-81671 München
Telefon: (089) 4 50 51-0
oldenbourg.de

Lektorat: Wirtschafts- und Sozialwissenschaften, wiso@oldenbourg.de
Satz: Cornelia Horn
Herstellung: Anna Grosser
Coverentwurf: Kochan & Partner, München
Cover-Illustration: Hyde & Hyde, München
Gedruckt auf säure- und chlorfreiem Papier
Druck: Grafik + Druck, München
Bindung: Thomas Buchbinderei GmbH, Augsburg

ISBN 978-3-486-58409-7

Inhalt

**7   Schenkungen und Erbschaften:
          Auch die werden besteuert   155**

Vorwort

Die eine kellnert, der andere jobbt in einem Unternehmen oder an der Hochschule, wieder andere absolvieren Praktika in den Semesterferien. Nahezu jeder Studierende tut es – er arbeitet parallel zu seinem Studium.

Sobald der akademische Nachwuchs neben seinem Studium einer bezahlten Tätigkeit nachgeht, hat er sich an steuerliche Spielregeln zu halten. Tut er dies nicht, kann es für ihn ein böses Erwachen geben und der Fiskus im Nachhinein die Hand aufhalten oder vielleicht sogar bereits ausbezahltes Kindergeld von den Eltern zurückverlangen.

Steuern – ein Begriff, der regelmäßig nur mit finanziellen Belastungen in Verbindung gebracht wird. Wer aber die Pflicht hat, Steuern zu zahlen, hat auch das Recht, Steuern zu sparen – also Liebe auf den zweiten Blick.

Das Steuertaschenbuch macht Studierende fit für das Leben als Steuerzahler – nein: Steuersparer – und gibt zudem ihren Eltern nützliche Tipps.

Die steuerlichen Vorschriften sind so umfangreich, dass eine umfassende Darstellung in diesem Buch weder möglich noch geboten ist. Dies würde den Rahmen bei weitem sprengen. Es beginnt mit einen leichtverständlichen Überblick über den Sinn und Zweck von Steuern sowie über die für Studierende relevanten Steuerarten. Dann werden unterschiedliche Studentenjobs systematisch untersucht, inwieweit Steuerpflicht oder Steuerfreiheit vorliegen.

Aufbauend darauf wird fallstudienartig das zu versteuernde Jahreseinkommen eines Studierenden ermittelt – unter Berücksichtigung aller Pauschal- bzw. Freibeträge, die sich anbieten. Zum Beispiel: Der Grundfreibetrag, der Arbeitnehmerpauschbetrag, der Sparerfreibetrag, die Vorsorgepauschale oder die Pauschbeträge für Sonderausgaben und außergewöhnliche Belastungen.

Im Anschluss daran wird exemplarisch und korrespondierend zum vorhergehenden Kapitel das zu versteuernde Einkommen einer Familie – mit einem studierenden Kind – beleuchtet. Sehr ausführlich und anhand von vielen Beispielen wird dabei auf Steuer reduzierende Maßnahmen (Werbungskosten) eingegangen.

Die danach folgenden Ausführungen zur Berechnung der Höhe der Steuer sowie zu den unterschiedlichen Erhebungsformen – damit dem Finanzamt auch ja nichts entgeht – sind gleichermaßen von Bedeutung für Studierende als auch Eltern von Studierenden. Das Gleiche gilt für das abschließende Kapitel zur steuerlichen Behandlung von Schenkungen und Erbschaften.

Für Studierende und deren Eltern relevante Steuerfragen werden immer unter Bezugnahme auf die aktuelle Rechtssprechung diskutiert. Das Steuertaschenbuch soll dem Leser helfen, im Steuerdschungel den Überblick zu behalten. Im Interesse einer einfachen Handhabung wurde deswegen – von wenigen Ausnahmen abgesehen – auf die Angabe von gesetzlichen Vorschriften verzichtet. Am Ende werden jedoch qualitative Hinweise zu Fundstellen im Internet gemacht.

Das undurchsichtige – von vielen Steuerpflichtigen als geradezu grausam empfundene – Thema Steuern verständlich darzustellen, war und ist die Intention des Autors. Sprachliche Lockerheit und viele Beispiele sind deshalb bewusst eingesetzt. Das Steuertaschenbuch soll nicht nur Studierenden der Wirtschaftswissenschaften oder steuerlich vor gebildeten Menschen von Nutzen sein, sondern allen Studentinnen und Studenten sowie deren Eltern auch wirklich helfen.

Die Ausführungen stehen im Einklang mit den gesetzlichen Vorschriften und der Rechtsprechung. Sie wurden sorgfältig geprüft. Eine Garantie für die Vollständigkeit, Richtigkeit und letzte Aktualität kann jedoch nicht übernommen werden.

Gerhard F. Dürr

Abbildungsverzeichnis

1 Warum eigentlich Steuern zahlen? – Sinn, Zweck und Arten von Steuern

Was kostet ein Studium und wer bezahlt es? Trotz gelegentlichem Jammern über die Studiengebühren: Sie sind nur kleine Beiträge zur Finanzierung eines Studiums, der große Rest kommt vom Staat. Das staatliche Gemeinwesen braucht aber Geld, um jungen Menschen ein Studium zu ermöglichen und viele andere Aufgaben für seine Bürger erfüllen zu können. Dazu gehören beispielsweise die Infrastruktur, das Gesundheitswesen, die Bildung sowie die innere und äußere Sicherheit. Es versteht sich von selbst, dass jeder Bürger hierzu einen finanziellen Beitrag leisten muss. Steuerzahlungen sind dabei die wichtigste Einnahmequelle des Staates. Die Kreativität des Staates, durch Schaffung immer neuer und Veränderung bestehender Steuergesetze, diese Einnahmequelle zu vergrößern, war schon immer – und ist auch heute noch – fast grenzenlos.

Der Umfang der steuerlichen Vorschriften verbietet an dieser Stelle eine umfassende Darstellung. Es wird ein leicht verständlicher Überblick über Sinn, Zweck und Arten von Steuern gegeben sowie auf die für Studierende relevanten Steuerarten hingewiesen.

1.1   Das Besondere an Steuern

„Von meiner Gehaltserhöhung kassiert der Staat mehr als die Hälfte", so der bedauerliche Seufzer eines ehrgeizigen Angestellten. Ihn beruhigt auch nicht die Tatsache, dass die Abzüge nicht alleine aus Steuerzahlungen bestehen.

Abgaben an staatliche Institutionen können nämlich auch Gebühren oder Beiträge sein. Steuern sind folglich nur ein Teil aller Abgaben, die von den Bürgern an den Staat zu entrichten sind.

Gebühren kennt jeder, der sich schon mal einen Reisepass ausstellen hat lassen. Insbesondere auf kommunaler Ebene werden sie erhoben, dafür aber wenigstens eine Gegenleistung erbracht (z.B. Müllabfuhr, Wasser, Kanal).

Beiträge unterscheiden sich von den Gebühren dahingehend, dass nur dann eine staatliche Gegenleistung erfolgt, wenn bestimmte Voraussetzungen erfüllt sind. So leistet die Rentenversicherung erst dann, wenn der Beitragszahler zum Rentner wird und die Krankenversicherung erbringt Leistungen nur in Krankheitsfällen. Die Leistungen können daher höher oder niedriger als die Beitragszahlungen sein.

Steuern: Sage und schreibe 37 Steuerarten (2007) gibt es in Deutschland – und der Staat kann mit den Steuereinnahmen machen, was er will. Steuern stehen nämlich, im Gegensatz zu anderen Abgaben, regelmäßig keine direkten Gegenleistungen des Staates an den einzelnen Steuerzahler gegenüber. Eine gesetzliche Verpflichtung, bestimmte Steuergelder für bestimmte Zwecke zu verwenden, gibt es grundsätzlich nicht. Dies bestimmt so die allgemeine Definition des Steuerbegriffs in der Abgabenordnung (§ 3 Abs. 1 Satz 1 AO):

„Steuern sind Geldleistungen, die nicht eine Gegenleistung für eine besondere Leistung darstellen und von einem öffentlichrechtlichen Gemeinwesen zur Erzielung von Einnahmen allen auferlegt werden."

Die Stellung der Steuern im System der Abgaben zeigt nachfolgende Übersicht.

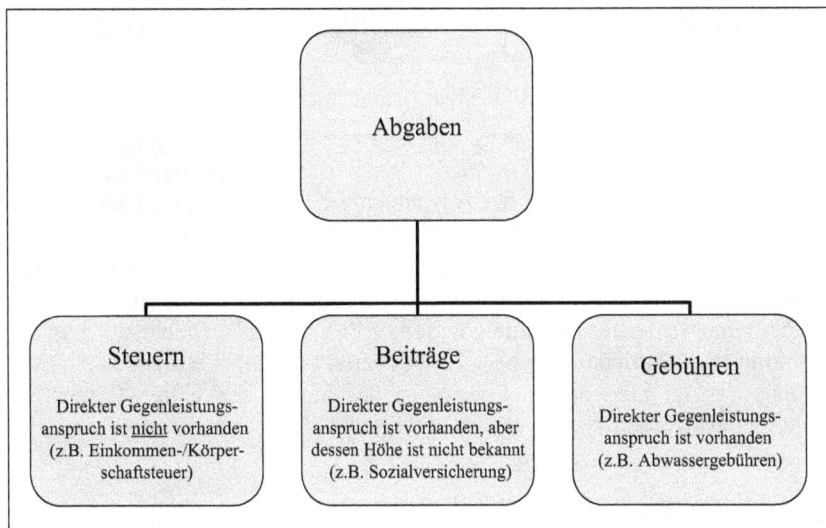

Abb. 1.1: Staatliches Abgabensystem

1.2 Steuern warum: Rechtfertigungsgründe

Dass der Staat Geld braucht, um seine vielfältigen Aufgaben für seine Bürger erfüllen zu können, wurde schon erwähnt. Versteht es sich aber wirklich von selbst, dass jeder Bürger hierzu einen finanziellen Beitrag leisten muss? Zwei Prinzipien bzw. Theorien versuchen die Notwendigkeit sowie Art und Weise von Steuererhebungen durch den Staat zu rechtfertigen.

1.2.1 Leistung und Gegenleistung

Leistung gegen Leistung – dies ist das Prinzip! Jedem Ökonomie-Studierenden ist klar, dass die staatliche Leistung „Bildung" eine Gegenleistung der „Gebildeten" erforderlich macht. Steuern sind somit die Bezahlung von staatlichen Leistungen (Äquivalenzprinzip), aus denen der Steuerzahler einen Nutzen zieht. Den Preis (Steuerzahlung) für den Nutzen bestimmt auf Vorschlag der Regierung das Parlament. Ob der Preis für den Nutzen richtig festgelegt ist, bestimmt der Wähler. Die Logik beeindruckt:

- Einkommensteuer für Verteidigungszwecke
- Mineralölsteuer für Straßenbaumaßnahmen

In der Konsequenz bedeutet dies: Wer keine staatliche Leistung nutzen kann, braucht auch keine Steuern zahlen.

Die Abgabenordnung folgt diesem Prinzip (leider) nicht.

Das Äquivalenzprinzip kann deshalb nur insoweit als Rechtfertigungsgrund für Steuererhebungen herangezogen werden, als der Bürger Leistungen des Staates auch tatsächlich erhält. Grenzen der Anwendungsmöglichkeiten sind immer dort vorhanden, wo der einzelne Bürger von der Nutzung einer Leistung ausgeschlossen ist, obwohl sie der Staat auch mit seinen Steuerzahlungen finanziert. Dies kann der Fall sein, wenn beispielsweise die – von fast allen Bürgern zu entrichtende – Einkommensteuer für bestimmte regionale Projekte (z.B. Deichbauten an der Küste), kulturelle Einrichtungen oder Hochschulen verwendet wird. Das Äquivalenzprinzip versagt hier, da die Leistungen des Staates auf einige Bürger beschränkt bleiben werden.

1.2.2   Opfer bringen für den Staat

Jeder Bürger einer Demokratie ist Teil (Organ) des von ihm gewählten politischen und wirtschaftlichen Systems. Für die Aufrechterhaltung dieses Systems ist ein Gemeinwesen mit staatlichen Institutionen notwendig, um für die Bürger vielfältige Aufgaben zu erfüllen. Dazu gehören auch solche, die nicht jedem einzelnen Bürger einen direkten Nutzen bringen.

Das Gemeinwesen benötigt aber auf jeden Fall finanzielle Mittel, so dass jeder Bürger dieser „Solidargemeinschaft Staat" einen Teil seines Einkommens oder Vermögens dafür opfern soll.

Problem: Wie groß soll das Opfer sein?

Lösung: Obwohl die Opferbereitschaft der Bürger keine Grenzen kennt, verlässt sich der Staat doch lieber nicht auf deren Freiwilligkeit. Vielmehr muss jeder Bürger entsprechend seiner Leistungsfähigkeit ein Opfer bringen, d.h. viel oder wenig Steuern zahlen. Leistungsfähigkeit wird einfach gleichgesetzt mit Einkommens- bzw. Vermögensverhältnissen.

Dem Steuergesetzgeber gefällt das Leistungsfähigkeitsprinzip.

1.3 Wenn schon Steuern, dann mit System: Anforderungen

1.3.1 Gerechtigkeit

Gerechtigkeit – darüber können nicht nur Studenten der Philosophie diskutieren; auch Steuerzahler berührt dieses Thema. Gerechtigkeit kann sich individueller Wertung und sehr subjektiver Einschätzung kaum entziehen. Sie wird einfach unterschiedlich empfunden.

Bei der Besteuerung ist aber Objektivität unabdingbar. Ein neutraler Dritter sollte das Steuersystem, gleichsam stellvertretend für alle Steuerzahler, im Grundsatz als gerecht empfinden. Da Gerechtigkeit häufig auch mit Proportionalität gleichgesetzt wird, ist in diesem Zusammenhang die „Aufspaltung" der Gerechtigkeit in zwei Komponenten hilfreich:

- Horizontale Gerechtigkeit (gleiche Einkommen = gleiche Steuerzahlungen) und
- Vertikale Gerechtigkeit (unterschiedliche Einkommen = unterschiedliche Steuerzahlungen)

Vernünftige Menschen – und Steuerzahler sind vernünftig – empfinden es wohl als gerecht, wenn zwei Steuerpflichtige mit gleichem Einkommen gleich hoch und mit unterschiedlichem Einkommen unterschiedlich hoch besteuert werden.

Schon die Umsetzung des horizontalen Gerechtigkeitsprinzips stößt an Grenzen, wie das gegenwärtige Einkommensteuersystem ganz deutlich zeigt: Da der Staat die Institution Ehe und Familie schützt, akzeptiert er eine unterschiedliche Besteuerung von Ledigen und Verheirateten bei gleich hohem Einkommen; ein klarer Verstoß gegen das Prinzip der horizontalen Gerechtigkeit.

Selbst die Befolgung des vertikalen Gerechtigkeitsprinzips bietet unterschiedliche Gestaltungsmöglichkeiten mit dementsprechenden Ergebnissen, wie nachfolgendes Beispiel zeigt.

Beispiel: Vertikales Gerechtigkeitsprinzip – Besteuerungsalternativen

	Steuerzahler A	Steuerzahler B
Einkommen	3.000 €	8.000 €
Besteuerungsalternative (I)	**20 %**	**20 %**
– Steuerzahlung	– 600 €	– 1.600 €
= verfügbares Einkommen	2.400 €	6.400 €
Besteuerungsalternative (II)	**20 %**	**40 %**
– Steuerzahlung	– 600 €	– 3.200 €
= verfügbares Einkommen	2.400 €	4.800 €

Abb. 1.2:   Vertikales Gerechtigkeitsprinzip

Die Umsatz- bzw. Mehrwertbesteuerung in Deutschland erfolgt proportional (Alternative I). Jeder Konsument bezahlt, unabhängig von seinem Einkommen, 19 % (bei bestimmten Umsätzen auch 7 %) Umsatzsteuer auf den Nettopreis. Die deutsche Einkommensteuer dagegen wird in progressiver Form (Alternative II) erhoben. Je höher das Einkommen, desto höher der Steuersatz – von 0 % bis 45 %.

1.3.2   Einkommensumverteilung

Kein Steuersystem ist frei von Einkommensumverteilungseffekten. In welcher Größenordnung und in welche Richtung dies erfolgt, bestimmt die Finanzpolitik des Staates – von oben nach unten oder von unten nach oben. So führt ein progressiver Steuertarif – die Steuersätze steigen mit der Höhe der Einkommen an und die Besteuerung der Einkommen nimmt überproportional zu – dazu, dass niedrige Einkommen gleichsam von höheren subventioniert werden. Diese Zielsetzung, eine gleichmäßige Einkommensverteilung nach Steuern zu erreichen, werden sicherlich Steuerzahler kritisch beurteilen, die aufgrund von hohem Arbeitseinsatz und Leistung hohe Einnahmen erzielen.

Wie sich Einkommen in unterschiedlichen Volkswirtschaften tendenziell auf die Bevölkerung verteilen, zeigt die nachfolgende Darstellung.

Einkommensverteilung in Bevölkerungen

Einkommen in Prozent
des Gesamteinkommens

Zielrichtung: Gleichmäßige
Einkommensverteilung

Bevölkerung in Prozent
der Gesamtbevölkerung

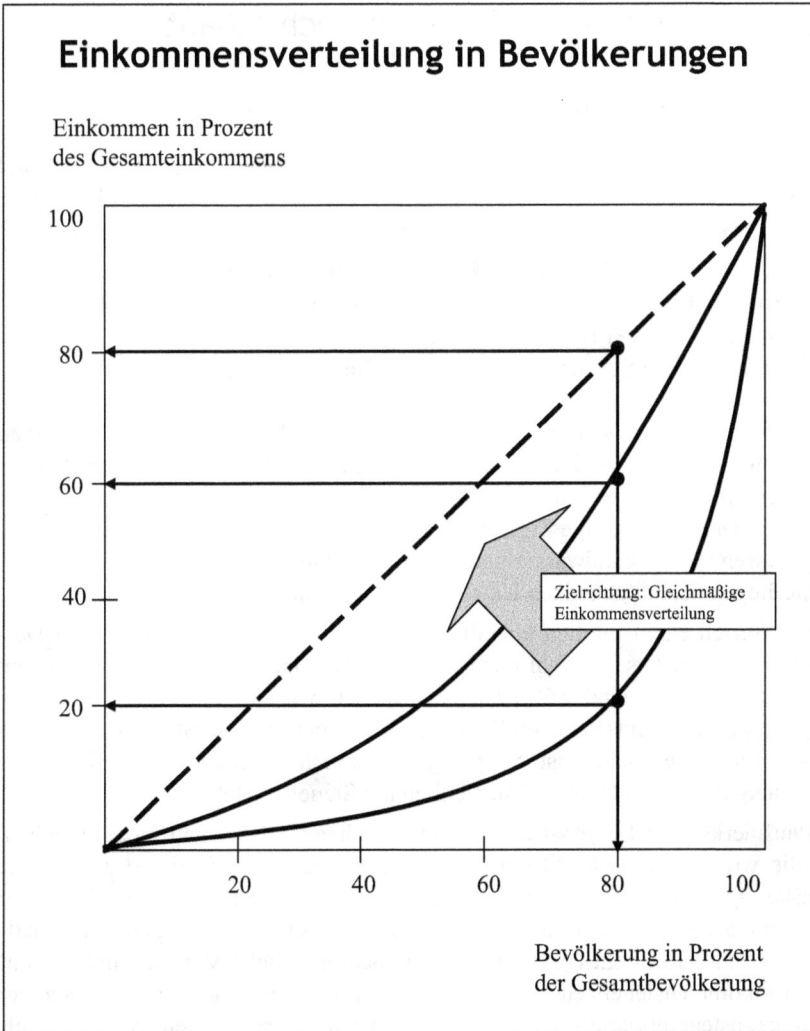

Abb. 1.3: Einkommensverteilung in Bevölkerungen

1.4   Steuern – wohin man auch schaut

1.4.1   Steuerarten

Zwischen den Vorlesungen treffen sich Studierende gerne in der Cafeteria und abends werden in der Kneipe die Vorlesungen nachbereitet. Dabei werden immer auch Steuern bezahlt, was den wenigsten so richtig bewusst ist. Beispiele gefällig?

- Kaffee: Die Steuer beträgt 2,19 € je Kilogramm Röstkaffee.
- Alkopops: Bei einer 0,275-Liter-Flasche sind rd. 84 Cent Steuern fällig.
- Bier: Ein Hektoliter Bier ist mit ca. 10,- € Biersteuer belastet.
- Sekt: Für diesen Schaumwein beträgt die Steuer 1,36 € je Liter.

Natürlich lässt der pflichtbewusste Studierende die Finger von alkoholhaltigen Getränken, ganz zu Schweigen von Hochprozentigem: Der Regelsteuersatz beträgt 13,- € für einen Liter reinen Alkohol. Auch Rauchen muss nicht sein, denn die Tabaksteuer für eine einzige Zigarette beträgt ca. 18 Cent. Aber selbst dann, wenn nur gegessen und Mineralwasser getrunken wird: Getränke und Gaststättenumsätze unterliegen dem allgemeinen Umsatzsteuersatz von 19 %.

Steuern treffen einen folglich überall. In Deutschland gibt es mehr als drei Dutzend Steuerarten. Fast 30 – in der Mehrzahl sog. Bagatellsteuern mit geringem Steueraufkommen – sind seit 1965 abgeschafft worden. Die Abgabenordnung (AO) enthält die grundsätzlichen Regelungen darüber, wie die Steuer festzusetzen und wann sie zu entrichten ist. Sie gilt grundsätzlich für alle Steuern. Die einzelnen Steuergesetze regeln, in welchen Fällen die Steuer entsteht.

Dem aufmerksamen Leser wird in der untenstehenden Übersicht nicht entgehen, dass die wohl bekannteste Steuer – **die Lohnsteuer** – fehlt. Sie ist auch keine eigenständige Steuerart, sondern lediglich eine besondere Erhebungsform der Einkommensteuer. Wer Lohn oder Gehalt aus einem abhängigen Beschäftigungsverhältnis bezieht (Arbeitnehmer) muss monatliche Vorauszahlungen auf seine Einkommensteuersteuerschuld, die am Ende des Jahres im Rahmen der Einkommensteuererklärung ermittelt wird, leisten. Diese Teilbeträge werden als monatliche Lohnsteuer bezeichnet, die der Arbeitgeber einbehält und an das Finanzamt abführt.

Alkopopsteuer	Agrarabgaben
Aufsichtsratsteuer	Biersteuer
Branntweinsteuer	Einfuhrumsatzsteuer
Einkommensteuer	Erbschaftsteuer/Schenkungsteuer
Feuerschutzsteuer	Getränkesteuer
Gewerbesteuer	Grunderwerbsteuer
Grundsteuer	Hundesteuer
Jagd- und Fischereisteuer	Kaffeesteuer
Kapitalertragsteuer	Kirchensteuer
Körperschaftsteuer	Kraftfahrzeugsteuer
Mineralölsteuer	Rennwett- und Lotteriesteuer
Schankerlaubnissteuer	Schaumweinsteuer
Solidaritätszuschlag	Spielbankabgabe
Steuerabzug bei Bauleistungen	Straßengüterverkehrsteuer
Stromsteuer	Tabaksteuer
Umsatzsteuer	Vergnügungsteuer
Versicherungsteuer	Zölle
Zweitwohnungsteuer	Zwischenerzeugnissteuer

Abb. 1.4: Steuerarten in Deutschland

1.4.2 Einteilungsmethoden

Aufgrund der Vielzahl von Steuerarten, wie vorstehende Übersicht zeigt, ist eine Systematisierung der Steuern unerlässlich. Die Einteilung der einzelnen Steuerarten in folgende vier Kategorien ist üblich und sinnvoll.

Einteilung nach Gebietskörperschaften

Steuergesetze können nicht nur vom Bund, sondern auch von den Ländern und Gemeinden als Gebietskörperschaften erlassen werden. Je nachdem, welchem Hoheitsträger die Gesetzgebungskompetenz zusteht, unterscheidet man **Bundes-, Länder-, und Gemeindesteuern.** Für die meisten Steuern hat der Bund die Gesetzgebungskompetenz. Davon zu unterscheiden ist die Ertragskompetenz. Sie wird übrigens in Artikel 106 des Grundgesetzes geregelt. Es gibt Steuern, die ausschließlich Bund, Ländern oder Gemeinden zustehen. Der größte Teil des Steueraufkommens, bestehend aus Einkommen-, Gewerbe- und Umsatzsteuer, wird unter den Gebietskörperschaften nach einem bestimmten Verteilungsschlüssel zwischen Bund und Ländern und Gemeinden aufgeteilt (**Gemeinschaftssteuern**).

Als nichtstaatliche Hoheitsträger erheben verschiedene Religionsgemeinschaften **Kirchensteuer** von ihren Mitgliedern.

Einteilung nach der Belastung

Steuern, die sich nach der Leistungsfähigkeit von natürlichen oder juristischen Personen bemessen, heißen **Subjekt- oder Personensteuern** (z.B. Einkommensteuer, Körperschaftsteuer).

Wird von persönlichen Umständen des Steuerpflichtigen abgesehen und nur der Tatsache Rechnung getragen, dass ihm eine Sache rechtlich zuzurechnen ist, spricht man von **Objekt- oder Realsteuern** (z.B. Grundsteuer, Gewerbesteuer). Das Aufkommen können die Gemeinden durch Festlegung von Hebesätzen beeinflussen. Es steht ihnen allerdings nur insoweit zu, als sie nicht – aufgrund einer gesetzlichen Umlage – Bund und/oder Länder daran beteiligen müssen.

Einteilung nach der Erhebungsart

Bei **direkten Steuern** erfolgt die Erhebung bei Personen, deren Einkommen dadurch gemindert wird. Bezahlung und Belastung sind auf eine Person vereint.

Belasten Steuern zwar die Endverbraucher, werden sie jedoch von Herstellern oder Händlern von Gütern an die Finanzverwaltung abgeführt, gehören sie zu den **indirekten Steuern**. Diese können allerdings nicht immer auf die Nachfrager in Form von höheren Preisen abgewälzt werden, so dass auch die Unternehmerseite einen Teil zu tragen hat.

Einteilung nach dem Steuergegenstand

Gegenstand der Besteuerung können **Besitz, Waren- und Dienstleistungsverkehr** oder der **Verbrauch** sein.

Steuererhebungsart		
direkt	**indirekt**	
z.B. Einkommensteuer, Körperschaftsteuer, Grundsteuer, Gewerbesteuer.	z.B. Umsatzsteuer, Vergnügungsteuer, Versicherungsteuer Lotteriesteuer.	z.B. Tabaksteuer, Mineralölsteuer, Biersteuer, Branntweinsteuer, Kaffeesteuer.
Besitzsteuern	**Verkehrssteuern**	**Verbrauchssteuern**
Steuergegenstand		

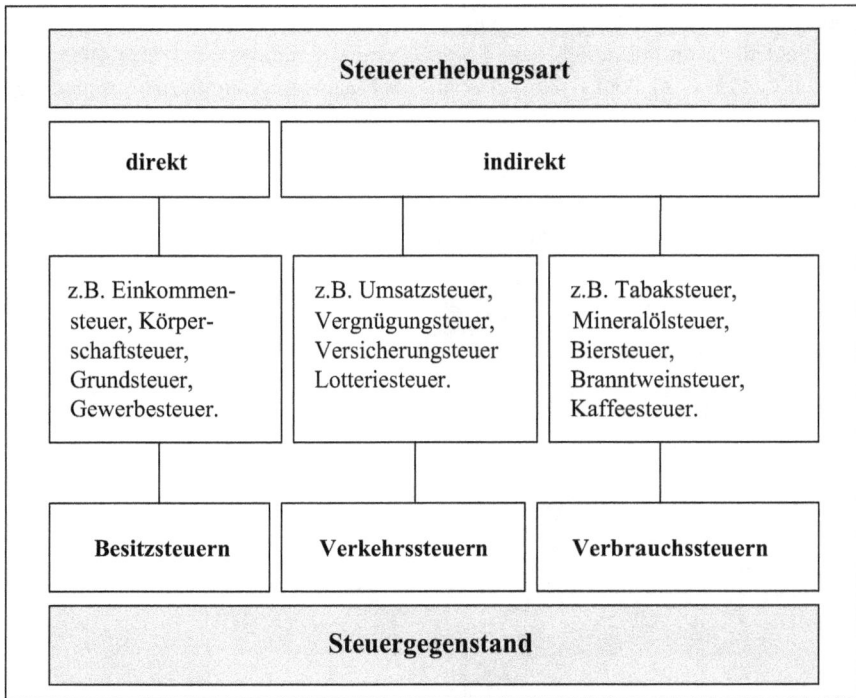

Abb. 1.5: Steuererhebungsarten und Steuergegenstände

1.5 Steuern: Wann trifft's Studierende?

Legt sich eine Studentin zu ihrem eigenen Schutz einen Hund zu, muss sie Hundesteuer zahlen. In München sind das 76,80 € im Jahr. Handelt es sich aber um einen *Perro de Presa Canario*, sind 613,80 € Hundesteuer pro Jahr fällig. Kampfhunde werden höher besteuert, denn deren Haltung soll eingedämmt werden. Da nicht auszuschließen ist, dass Mitstudierende gebissen werden könnten, schließt die Studentin eine Haftpflichtversicherung ab. Sie zahlt 16 % Versicherungsteuer auf die Versicherungsprämie. Am Ende des Studiums verschenkt sie ihren Hund an einen guten Freund. Schenkungsteuer könnte fällig sein!

Die Beispiele ließen sich beliebig fortsetzen. Grundsätzlich können Studiernde mit fast allen Steuern Bekanntschaft machen. Als Konsumenten belasten sie wie alle anderen Bürger natürlich die in den Preisen enthaltenen Verbrauch- und Verkehrsteuern. Zur wichtigsten Steuer für Studiernde wird die Lohn- und Einkommensteuer, wenn sie als Arbeitnehmer gegen Vergütung tätig werden. Ihr Arbeitslohn unterliegt dann grundsätzlich dem Lohnsteuerabzug, d.h. ein Teil des sauer verdienten Geldes wird vom Arbeitgeber an das Finanzamt abgeführt. Damit sollten sich Studierende aber nicht zufrieden geben, sondern weiterlesen.

2 Studentenjobs und deren Besteuerung

2.1 Arten von studentischen Beschäftigungsverhältnissen

Es gibt Studierende, die neben dem Studium auch noch arbeiten. Studentenjob ist aber nicht gleich Studentenjob! Zu unterscheiden sind:

- Werkstudententätigkeit
- Vorgeschriebenes Vorpraktikum
- Freiwilliges Vorpraktikum
- Vorgeschriebenes Zwischenpraktikum
- Freiwilliges Zwischenpraktikum
- Vorgeschriebenes Nachpraktikum
- Freiwilliges Nachpraktikum

Und das ist nicht alles! Praktika werden mit oder ohne Entgelt absolviert, so dass aufgrund unterschiedlicher arbeits-, sozialversicherungs- und steuerrechtlicher Beurteilung eine weitere Unterteilung notwendig ist. Ganz schön viel und hoch-

kompliziert geregelt. Im Folgenden wird deshalb alles auf das Wesentliche reduziert.

2.1.1   Werkstudententätigkeit und Praktikum

Beschäftigungsverhältnisse, die Studierende eingehen, unterliegen den allgemeinen **arbeitsrechtlichen Grundsätzen und Gesetzen**. Studenten sind folglich den
sonstigen Arbeitnehmern mit gleichen Rechten und Pflichten gleichgestellt, d.h. es
gibt keine arbeitsrechtliche Sonderstellung für sie. So beträgt die gesetzliche Frist
für die Kündigung eines Arbeitsverhältnisses in den ersten zwei Beschäftigungs-
jahren für alle Arbeitnehmer vier Wochen zum 15. eines Monats oder zum Mo-
natsende. Diese Grundkündigungsfrist gilt gleichermaßen für Kündigungen durch
den Arbeitgeber und den Arbeitnehmer. Ist eine Probezeit (längstens sechs Monate) vereinbart, beträgt die gesetzliche Kündigungsfrist zwei Wochen, von jedem
auf jeden Tag. Unberührt bleibt die Möglichkeit, einzelvertraglich jeweils längere Kündigungsfristen zu vereinbaren. Ein befristeter Arbeitsvertrag endet, ohne
dass es einer Kündigung bedarf.

Voneinander abzugrenzen sind aber:

* Studentische Arbeitsverhältnisse
* Beschäftigungen im Rahmen eines Praktikums

Ein **studentisches Arbeitsverhältnis** liegt vor, wenn die Arbeitnehmereigenschaft
eines Studierenden gegeben ist. Allgemeine Grundsätze dafür sind persönliche
Abhängigkeit und Weisungsgebundenheit. Nicht alleine die Bezeichnung der
studentischen Tätigkeit (Werkstudent, Praktikant, Auszubildender, Volontär) lässt
eine Beurteilung zu. Ein studentisches Arbeitsverhältnis und Arbeitnehmereigenschaft liegen vor bei:

* Werkstudenten, die neben dem Studium oder in den Semesterferien arbeiten
* Praktikanten, die eine Vergütung für ihre Arbeit beziehen
* Praktikanten, die mit ihrem Arbeitgeber einen Ausbildungsvertrag geschlos-
  sen haben

Das Praktikum ist also in der Regel auch ein normales Arbeitsverhältnis, für das
alle arbeitsrechtlichen Vorschriften gelten.

Nur ein **Praktikum** im Rahmen einer Hochschulausbildung ist dann **kein** Arbeitsverhältnis, wenn nur das Weisungsrecht vom eigentlichen Träger der Ausbildung
(Hochschule) auf die Praktikumsstätte übertragen wird. Diese Voraussetzungen
liegen regelmäßig vor bei einem Pflichtpraktikum, das gemäß Studien- und Prüfungsordnung vorgeschrieben ist und während des Studiums absolviert wird. Da

dieses Praktikum als Teil der akademischen Ausbildung gilt, hat der Praktikant prinzipiell keinen gesetzlichen Anspruch auf Vergütung, Urlaub oder andere übliche Arbeitnehmerrechte. Arbeitnehmerschutzgesetze müssen aber auch hier angewandt werden (z.B. Arbeitszeitordnung).

Wichtiger als die arbeitsrechtliche Gleichstellung mit den sonstigen Arbeitnehmern ist vielen Studenten die **sozialversicherungsrechtliche** und **steuerliche** Behandlung von Studentenjobs, egal ob Werkstudent oder Praktikant, denn das kann Geld kosten.

2.1.2   Sozialversicherungspflichtige und sozialversicherungsfreie Jobs

Sozialversicherungspflicht für Arbeitnehmer

Das Sozialversicherungssystem bietet einen umfassenden Schutz im Fall der Krankheit, des Arbeitsunfalls, der Invalidität, des Alters oder der Arbeitslosigkeit. Für den überwiegenden Teil der arbeitenden Bevölkerung ist die Mitgliedschaft in der Rentenversicherung, Krankenversicherung, Pflegeversicherung und Arbeitslosenversicherung gesetzlich verpflichtend. Einige Personengruppen sind von dieser Versicherungspflicht allerdings ausgenommen, da sie anderweitig ausreichend gesichert sind (z.B. Beamte).

In der Sozialversicherung gilt das Solidaritätsprinzip. Beiträge werden nicht nach dem zu versichernden individuellen Risiko festgesetzt. Arbeitnehmer zahlen einen festgelegten Prozentsatz von ihrem Arbeitsentgelt als Beitrag.

Die Beitragssätze in der **Rentenversicherung, Arbeitslosenversicherung** und **Pflegeversicherung** sind gesetzlich festgesetzt und betragen für das Jahr 2008:

19,9 % (Rentenversicherung)
3,3 % (Arbeitslosenversicherung)
1,7 % (Pflegeversicherung)

Arbeitnehmer und Arbeitgeber tragen jeweils die Hälfte der Beiträge.

Kinderlose, die über 23 Jahre alt sind, zahlen in der Pflegeversicherung zusätzlich 0,25 % zu ihrem halben Arbeitnehmeranteil von 0,85 %, insgesamt dann 1,1 %.

In der **Krankenversicherung** setzt jede Krankenkasse ihre Beiträge entsprechend der Höhe der Leistungsaufwendungen fest. Daher gibt es unterschiedliche Beitragssätze (2006: durchschnittlich 14 %). Die Arbeitnehmer müssen neben ihrem halben Arbeitnehmeranteil zusätzlich 0,9 % Beitragssatz alleine entrichten (Bei-

spiel: Gesamtbeitragssatz = 14 % ⇨ Arbeitgeberanteil = 7 % und Arbeitnehmeranteil = 7,9 %).

Fasst man alle Beiträge zusammen, so ergibt sich eine Belastung von rund 20 %
des Arbeitnehmerentgeltes.

Gilt dies auch für Studierende, wenn sie neben ihrem Studium einer Beschäftigung
nachgehen? Studierende sind ja schließlich schon kranken- und pflegeversichert.

Kranken- und Pflegeversicherungspflicht für Studierende ohne Beschäftigung

Jeder Studierende muss eine Kranken- und Pflegeversicherung haben, sonst gibt's
keine Zulassung zum Studium. Den Versicherungsschutz kann man allerdings auf
unterschiedliche Weise erlangen.

1. Beitragsfreie Familienversicherung

Bis zum 25. Geburtstag – bei Ableistung von Wehr- oder Ersatzdienst verschiebt
sich diese Altersgrenze um die entsprechende Dauer nach hinten – können Studierende in der gesetzlichen Kranken- und Pflegeversicherung beitragsfrei über ihre
gesetzlich versicherten Eltern mitversichert sein. Sind Studierende verheiratet,
dann besteht zudem die Möglichkeit, sich zeitlich unbegrenzt über den gesetzlich
versicherten Ehepartner beitragsfrei versichern zu lassen.

Zu beachten ist, dass die Möglichkeit der beitragsfreien Familienversicherung nur
besteht, wenn Studierende über ein monatliches Einkommen von nicht mehr als
350,- € – bei geringfügigen Beschäftigungen (Minijob) 400,- € – verfügen.

2. Gesetzliche studentische Versicherung

Mit Beginn des Studiums bzw. dem Ablauf der Familienversicherung beginnt die
Versicherungspflicht in der studentischen Kranken- und Pflegeversicherung. Sie
besteht grundsätzlich bis zum Ablauf des 14. Fachsemesters eines Studiengangs
(ohne Urlaubssemester), längstens jedoch bis zum Ablauf des Semesters, in dem
der Student das 30. Lebensjahr vollendet hat.

Der monatliche Beitrag für Studenten in der gesetzlichen Krankenversicherung
beträgt 49,40 €. Der monatliche Pflegeversicherungsbeitrag beträgt 7,92 €; für
kinderlose Studierende, die älter als 23 Jahre sind, 9,09 €.

Nach dem Ende der Versicherungspflicht ist eine freiwillige Mitgliedschaft in der gesetzlichen Kranken- und Pflegeversicherung möglich. Dies bedeutet eine Erhöhung des Beitrags auf ca. 120,- bis 130,- € pro Monat.

3. Private studentische Versicherung
Wollen sich Studierende privat versichern lassen, haben sie die Möglichkeit, sich von der gesetzlichen Versicherungspflicht befreien zu lassen. Dies muss binnen drei Monaten nach Studienbeginn oder nach dem Auslaufen der Familienversicherung erfolgen.

Achtung

Die Befreiung gilt dann aber für die gesamte Dauer der Versicherungspflicht als Studierender und kann nicht widerrufen werden.

Anders als die gesetzliche studentische Kranken- und Pflegeversicherung ist die private studentische Versicherung aber bis zum 34. Geburtstag des Studenten und unabhängig von der Anzahl der Fachsemester möglich. Die monatlichen Beiträge sind abhängig vom Leistungsumfang und vom Alter (ab ca. 60,- €).

4. Private Familienversicherung
Studierende können nach der Befreiung von der studentischen Kranken- und Pflegeversicherungspflicht auch weiterhin über ihre Eltern privat versichert sein. Voraussetzung dafür ist die Beihilfeberechtigung mindestens eines Elternteils, z.B. als Beamter, für das studierende Kind.

Die Beihilfeberechtigung ist an den Kindergeldanspruch gekoppelt. Studenten sind bis zu ihrem 25. Geburtstag – im Wintersemester 2007 an einer Hochschule eingeschriebene Studierende bis zu ihrem 27. Geburtstag – beihilferechtlich berücksichtigungsfähige Kinder. Bei Ableistung von Wehr- oder Ersatzdienst verschiebt sich diese Altersgrenze um den entsprechenden Zeitraum nach hinten.

Achtung

Wenn ein Student über ein monatliches Einkommen von über 640,- € (7.680,- € im Jahr) verfügt, verfällt der Kindergeldanspruch und die Beihilfeberechtigung geht folglich ebenfalls verloren.

Da die Beihilfe 80 % der Krankheitskosten übernimmt, muss nur für den durch die Beihilfe nicht gedeckten Teil eine private „Restkostenversicherung" abgeschlossen werden. Dementsprechend sind die monatlichen Beiträge im Gegensatz zu einer normalen privaten Krankenversicherung deutlich günstiger.

Genügt der Versicherungsschutz nicht auch für Beschäftigungen während des Studiums? Ja, aber nicht immer! Die gesetzlichen Regelungen sind (leider) recht kompliziert.

Sozialversicherungsfreie Beschäftigungsverhältnisse

1. **Geringfügig entlohnte Beschäftigungen**
    (Werkstudententätigkeit oder freiwillige Praktika)

Eine geringfügig entlohnte Beschäftigung (Minijob), die Studierende neben ihrem Studium ausüben, ist in allen Zweigen der Sozialversicherung (Kranken-, Pflege-, Renten- und Arbeitslosenversicherung) versicherungsfrei. Voraussetzungen sind, dass das regelmäßige Arbeitsentgelt im Monat 400,- € nicht übersteigt und eine Tätigkeit als Werkstudent oder im Rahmen eines freiwilligen Praktikums vorliegt. Eine Zeitgrenze gibt es nicht. Nur der Arbeitgeber hat pauschale Beiträge zur Krankenversicherung in Höhe von 13 % und zur Rentenversicherung in Höhe von 15 % zu entrichten.

Übt ein Studierender mehrere solche, jeweils für sich betrachtet, geringfügig entlohnte Beschäftigungen aus, sind diese zusammenzurechnen. Sie bleiben versicherungsfrei, sofern die Arbeitsentgelte aus diesen Beschäftigungen insgesamt 400,- € nicht überschreiten.

2. **Kurzfristige Beschäftigungen**
    (Werkstudententätigkeit oder freiwillige Praktika)

Sozialversicherungsfrei bleiben eine Werkstudententätigkeit oder ein freiwilliges Praktikum, wenn es sich um eine kurzfristige Beschäftigung handelt, d.h. innerhalb eines Jahres von vornherein auf 2 Monate oder 50 Arbeitstage begrenzt ist. Die Höhe des Entgelts und die wöchentliche Arbeitszeit spielen keine Rolle. Eine kurzfristige Beschäftigung liegt nicht vor, wenn sie berufsmäßig ausgeübt wird. Berufsmäßig ist eine kurzfristige Beschäftigung nach der Rechtsprechung, wenn der Betreffende seinen Lebensunterhalt durch sie überwiegend erwirbt.

3. Vorgeschriebene Zwischenpraktika

Ist der Studierende immatrikuliert und absolviert er ein gemäß Studien- und Prüfungsordnung vorgeschriebenes Praktikum während des Studiums (Zwischenpraktikum), besteht unabhängig von der Höhe des erzielten Arbeitsentgelts und der wöchentlichen Arbeitszeit in dieser Beschäftigung Versicherungsfreiheit in der Kranken-, Pflege-, Arbeitslosen- und Rentenversicherung.

Teilweise sozialversicherungsfreie Beschäftigungsverhältnisse

Versicherungsfreiheit in der **Kranken-, Pflege- und Arbeitslosenversicherung** besteht für Studierende, die neben ihrem Studium eine Beschäftigung ausüben (Werkstudententätigkeit oder freiwillige Praktika), in folgenden Fällen und unter bestimmten Voraussetzungen:

1. Die Beschäftigung wird während der Vorlesungszeit ausgeübt und
   - die wöchentliche Arbeitszeit beträgt nicht mehr als 20 Stunden oder
   - die wöchentliche Arbeitszeit beträgt mehr als 20 Stunden, aber Zeit und Arbeitskraft des Studierenden werden überwiegend durch das Studium in Anspruch genommen (z.B. Arbeiten an den Wochenenden oder in den Nachtstunden).
2. Die Beschäftigung wird – auch mehr als 20 Wochenstunden – in den Semesterferien ausgeübt.
3. Die Beschäftigungsdauer beträgt insgesamt höchstens 26 Wochen (182 Kalendertage) innerhalb eines Jahres.

Die Höhe des Arbeitsentgelts während der Vorlesungszeit oder in den Semesterferien spielt keine Rolle. Auch ob es sich dabei um ein befristetes oder unbefristetes Arbeitsverhältnis handelt, ist bedeutungslos. Entscheidend ist vielmehr, dass die Eigenschaft als Studierender im Vordergrund steht und nicht die Arbeitnehmereigenschaft. Deswegen auch die Begrenzung der wöchentlichen Arbeitszeit auf 20 Stunden während der Vorlesungszeit und der gesamten Beschäftigungsdauer auf höchstens ein halbes Jahr (26 Wochen). Wird dagegen verstoßen, unterliegt die Beschäftigung voll der Versicherungpflicht in der Kranken-, Pflege- und Arbeitslosenversicherung.

Beachten

In der **Rentenversicherung** besteht für diese Beschäftigungsverhältnisse Versicherungspflicht.

Sozialversicherungspflichtige Beschäftigungsverhältnisse

Sind die Voraussetzungen bei den o.g. Beschäftigungsverhältnissen nicht erfüllt, unterliegen sie voll der Versicherungspflicht.

Dies gilt auch für ein Pflichtpraktikum, wenn eine Immatrikulation noch nicht oder nicht mehr vorliegt (kein Studentenstatus). Einige Studienordnungen verpflichten zu einem Vorpraktikum, damit das Studium aufgenommen werden kann, oder zu einem Praktikum im Anschluss an das Studium.

Erhalten diese Vor- oder Nachpraktikanten Arbeitsentgelt, so sind sie als Arbeitnehmer anzusehen und versicherungspflichtig in der Kranken-, Pflege-, Renten- und Arbeitslosenversicherung. Da das Praktikum der Berufsausbildung dient, finden die Vorschriften über die geringfügig entlohnten und kurzfristigen Beschäftigungen keine Anwendung.

2.2   Die Besteuerung von studentischen Beschäftigungsverhältnissen

2.2.1   Auch der studentische Arbeitslohn ist steuerpflichtig

Wer Lohn oder Gehalt aus einem abhängigen Beschäftigungsverhältnis bezieht, ist Arbeitnehmer. Studierende sind steuerlich Arbeitnehmer, unabhängig davon, ob sie als Werkstudenten oder Praktikanten gegen Vergütung tätig sind. Arbeitnehmereinkünfte – Gehälter, Löhne, Gratifikationen, Tantiemen und andere Bezüge und Vorteile – unterliegen als „Einkünfte aus nichtselbständiger Arbeit" der Einkommensteuer. Dies gilt für alle Beschäftigungsverhältnisse, wie hoch das Entgelt oder die Beschäftigungsdauer auch sein mögen. Es ist auch gleichgültig, ob es sich um laufende oder um einmalige Bezüge handelt.

Verknüpft mit der Einkommensteuer sind die Kirchensteuer (nur bei Religionszugehörigkeit) und der Solidaritätszuschlag. Ist Einkommensteuer fällig, dann werden auch diese Zuschlagsteuern erhoben. Die Kirchensteuer beträgt je nach Bundesland 8 % bzw. 9 % und der Solidaritätszuschlag grundsätzlich 5,5 % von der Einkommensteuer.

Bei den Einkünften aus nichtselbständiger Arbeit wird die Einkommensteuer durch Abzug vom Arbeitslohn erhoben (Lohnsteuer); als Zuschläge zur Lohnsteuer auch die Kirchensteuer und der Solidaritätszuschlag. Grundsätzlich muss deshalb jeder Studierende dem Arbeitgeber eine Lohnsteuerkarte vorlegen. Nur wenn es sich um eine kurzfristige Beschäftigung (Aushilfstätigkeit, Urlaubsvertretung u.ä.) oder eine geringfügig entlohnte Beschäftigung (Minijob) handelt, kann die Lohnsteuer auch pauschal – ohne Vorlage einer Lohnsteuerkarte – erhoben werden.

2.2.2   Arbeiten mit Lohnsteuerkarte

Der Arbeitgeber hat bei jeder Lohn- und Gehaltszahlung die Lohnsteuer (gegebenenfalls auch die Kirchensteuer sowie den Solidaritätszuschlag) vom Arbeitslohn zu erheben und an das zuständige Finanzamt abzuführen. Es handelt sich dabei um i.d.R. monatliche Vorauszahlungen auf die Einkommensteuersteuerschuld, die erst am Ende des Jahres im Rahmen der Einkommensteuer-Veranlagung genau ermittelt wird.

Der Arbeitgeber muss die Lohnsteuer immer ermitteln und einbehalten, auch wenn vielen Studierenden nach Ablauf des Jahres die einbehaltene Lohnsteuer vom Finanzamt wieder erstattet wird. Dazu müssen die Studierenden schon selbst einen Antrag auf Durchführung einer Einkommensteuer-Veranlagung stellen.

Keine Angst: Auch ohne Einkommensteuererklärung, das ist der Antrag auf Durchführung einer Einkommensteuer-Veranlagung, sorgen die Lohnsteuerkarte und die Lohnsteuertabellen im Normalfall dafür, dass Unterschiede zwischen der Gesamtsumme der Lohnsteuerzahlungen (Jahreslohnsteuer) und der Einkommensteuerschuld erst gar nicht oder nur in geringem Umfang entstehen.

Die Lohnsteuerkarte

Für den Lohnsteuerabzug benötigt der Arbeitgeber die individuellen Besteuerungsmerkmale des Arbeitnehmers. Grundlage dafür ist die Lohnsteuerkarte. Der Studierende als Arbeitnehmer muss dem Arbeitgeber bei Eintritt in das Beschäftigungsverhältnis die Lohnsteuerkarte vorlegen; bei Dauerarbeitsverhältnissen immer vor Beginn eines jeden Kalenderjahrs.

Die Lohnsteuerkarte wird vom Einwohnermeldeamt der Gemeinde, in der der Arbeitnehmer am 20. September des Vorjahrs mit seinem Hauptwohnsitz gemeldet war, ausgestellt. Diese kostenlose staatliche Leistung erhalten nur Arbeitnehmer mit Wohnsitz oder gewöhnlichem Aufenthalt in Deutschland.

Eingetragen in die Lohnsteuerkarte sind:

- Persönliche Daten
- Steuerklasse
- Religionszugehörigkeit
- Zahl der Kinderfreibeträge für Kinder unter 18 Jahre

Wichtig – und deshalb Eintragungen prüfen: Von den Eintragungen auf der Lohnsteuerkarte hängt es ab, ob und in welcher Höhe der Arbeitgeber vom Arbeitslohn Lohnsteuer, Kirchensteuer oder den Solidaritätszuschlag einzubehalten hat.

Durch die Eintragung der Steuerklasse und die Zahl der Kinder werden in Verbindung mit den Lohnsteuertabellen eine Reihe von Frei- und Pauschbeträgen berücksichtigt, d.h. persönliche Verhältnisse des Arbeitnehmers Steuer mindernd berücksichtigt. Aber nicht alle: Bestimmte steuerlich anzuerkennende Aufwendungen, z.B. Pendlerpauschale bei unterschiedlichen Entfernungen zwischen Wohnung und Arbeitsstätte, können daher vom Finanzamt – auf Antrag natürlich – auf der Lohnsteuerkarte zusätzlich eingetragen werden. Dazu später mehr, zuerst zu den Lohnsteuertabellen und Lohnsteuerklassen, den Kinderfreibeträgen und der Religionszugehörigkeit.

Die Lohnsteuertabellen und Lohnsteuerklassen

Die Lohnsteuer für den laufenden Arbeitslohn wird aus der Tages-, Wochen-, Monats- oder Jahreslohnsteuertabelle ermittelt. Maßgebend dafür ist der vereinbarte Lohnzahlungszeitraum. Im Normalfall werden Löhne und Gehälter monatlich ausbezahlt. Der Lohnsteuerabzug für einmalige Sonderzahlungen, z.B. Weihnachtsgeld oder Erfolgsbeteiligungen, erfolgt hingegen nach der Jahreslohnsteuertabelle. Dadurch werden solche Zuwendungen gleichmäßig auf 12 Monate verteilt und ein zu hoher monatlicher Lohnsteuerabzug, wegen der progressiven Besteuerung, vermieden.

Für jede einzelne Steuerklasse gibt es eine eigene Lohnsteuertabelle. Der Lohnsteuerabzug ist, bei gleichem Lohn, in den einzelnen Lohnsteuerklassen unterschiedlich hoch. Die Einordnung in Lohnsteuerklassen soll den jeweiligen Familienverhältnissen des steuerpflichtigen Arbeitnehmers Rechnung tragen (ledig, verheiratet etc.) und bewirken, dass die gesamte – vorausbezahlte – Lohnsteuer eines Jahres mit der Einkommensteuerschuld identisch ist.

Insgesamt sind sechs Lohnsteuerklassen vorhanden, wobei allein drei Klassen ausschließlich für Ehegatten vorgesehen sind.

Steuerklasse I: Alleinstehende Arbeitnehmer
Ledige, Geschiedene, Verheiratete, die von ihrem Ehegatten dauernd getrennt leben oder deren Ehegatte im Ausland wohnt, Verwitwete ab dem zweiten Jahr, das dem Todesjahr des anderen Ehegatten folgt.

Steuerklasse II: Alleinerziehende Arbeitnehmer
Alleinstehende Arbeitnehmer nach Steuerklasse I, welche die Voraussetzungen für den Entlastungsbetrag für Alleinerziehende (1.308,- € im Jahr) erfüllen. Der Alleinstehende Arbeitnehmer muss mindestens ein Kind unter 18 Jahren, für das ihm Kindergeld zusteht, alleine in seinem Haushalt erziehen und darf dabei mit anderen Personen für die ihm kein Kindergeld zusteht, keine Haushaltsgemeinschaft (tatsächliche und finanzielle Beteiligung an der Haushaltsführung) bilden. Zudem müssen der Steuerpflichtige und sein Kind bzw. seine Kinder in der gemeinsamen Wohnung mit Hauptwohnsitz gemeldet sein.

Steuerklasse III: Verheiratete Arbeitnehmer
Bei verheirateten und im Inland zusammenlebenden Ehegatten ist dies

- der Ehegatte, der alleine Arbeitslohn bezieht oder
- der Ehegatte, der nicht auf Antrag in Steuerklasse V ist oder
- der Ehegatte, der verwitwet ist (für Todesjahr und das Jahr danach).

Steuerklasse IV: Verheiratete Arbeitnehmer
Verheiratete und im Inland zusammenlebenden Ehegatten, die beide Arbeitslohn beziehen und nicht die Steuerklassen III und V gewählt haben.

Steuerklasse V: Verheiratete Arbeitnehmer
Bei verheirateten und im Inland zusammenlebenden Ehegatten ist dies der Arbeitnehmer, dessen Ehegatte in Steuerklasse III ist.

Steuerklasse VI: Arbeitnehmer mit mehreren Arbeitsverhältnissen

Arbeitnehmer, für jedes weitere Dienstverhältnis. Die Steuerklasse VI kann deshalb nur auf der zweiten oder jeder weiteren Lohnsteuerkarte stehen. Wird dem Arbeitgeber keine Lohnsteuerkarte vorgelegt, erfolgt die Besteuerung automatisch nach der Steuerklasse VI.

Der Steuerabzug in der Steuerklasse VI ist am höchsten und in der Steuerklasse III am niedrigsten. In den Lohnsteuertabellen sind bereits eine Reihe von Frei- und Pauschbeträgen eingearbeitet, die bei der Berechnung der Lohnsteuer berücksichtigt werden: Der steuerliche Grundfreibetrag, der Arbeitnehmer-Pauschbetrag für Werbungskosten, die Pauschbeträge bei Versorgungsbezügen und für Sonderausgaben, die Vorsorgepauschale sowie der Entlastungsbetrag für Alleinerziehende. Lohnsteuer wird deswegen erst ab einem bestimmten Arbeitslohn abgezogen.

Steuerfrei sind Arbeitslöhne (auf ganze Euro gerundet)
in der Steuerklasse I: monatlich 897 € und jährlich 10.764 €
in der Steuerklasse II: monatlich 1.029 € und jährlich 12.348 €
in der Steuerklasse III: monatlich 1.701 € und jährlich 20.412 €
in der Steuerklasse IV: monatlich 897 € und jährlich 10.764 €
in der Steuerklasse V: monatlich 75 € und jährlich 900 €
in der Steuerklasse VI: monatlich 3 € und jährlich 36 €.

Die Mehrzahl der Studierenden erfüllt sicherlich die Voraussetzungen der Steuerklasse I, da sie ledig sind. Für Verheiratete Studenten bzw. Eltern der Studenten sei auf die Ausführungen zum Lohnsteuerabzugsverfahren in Kapitel 6 verwiesen.

Kinderfreibeträge

Freibeträge für Kinder werden nur in Verbindung mit der Steuerklasse I, II, III oder IV in die Lohnsteuerkarte eingetragen. Kinder, die das 18. Lebensjahr vollendet haben, werden nicht von der Gemeinde, sondern auf Antrag durch das Finanzamt auf die Lohnsteuerkarte eingetragen. Die Freibeträge für Kinder wirken sich nur auf die Höhe des Solidaritätszuschlags und der Kirchensteuer aus – nicht auf die Lohnsteuer.

Religionsgemeinschaft und Kirchensteuer

Ist auf der Lohnsteuerkarte eine Abkürzung für die Religionsgemeinschaft eingetragen, wird neben der Lohnsteuer vom Arbeitgeber auch Kirchensteuer in Höhe von 8 % (Baden-Württemberg und Bayern) oder 9 % (übrige Bundesländer) von der Lohnsteuer einbehalten.

Zusätzliche Eintragungen auf der Lohnsteuerkarte auf Antrag

Bereits beim laufenden Lohnsteuerabzug – und nicht erst im Rahmen der Jahreseinkommensteuererklärung – sind alle individuellen persönlichen Verhältnisse des Arbeitnehmers steuerermäßigend zu berücksichtigen. Das wird mit den in den Lohnsteuertabellen eingearbeiteten Frei- und Pauschbeträgen nur zum Teil gewährleistet. Auf Antrag des Arbeitnehmers können deshalb vom Finanzamt zusätzliche steuerlich anzuerkennende Aufwendungen auf der Lohnsteuerkarte eingetragen werden. Dazu ist ein amtlicher Vordruck auszufüllen mit der Überschrift „Antrag auf Lohnsteuerermäßigung".

Neben Kinderfreibeträgen für Kinder über 18 Jahre (unter bestimmten Voraussetzungen), die für Studierende wohl sehr selten in Betracht kommen, sind die wesentlichen Freibeträge im Lohnsteuer-Ermäßigungsverfahren:

* Freibeträge wegen erhöhter Werbungskosten, soweit sie den Arbeitnehmer Pauschbetrag von 920,- € übersteigen.
* Freibeträge wegen Sonderausgaben, soweit sie den Sonderausgaben-Pauschbetrag von 36,- € übersteigen.
* Freibeträge wegen außergewöhnlicher Belastungen.

Einzelheiten zu Werbungskosten, Sonderausgaben und außergewöhnlichen Belastungen finden sich im Kapitel 3.

Die Eintragung eines Freibetrages für Werbungskosten, Sonderausgaben und außergewöhnlichen Belastungen auf der Lohnsteuerkarte erfolgt nur, wenn diese Aufwendungen mindestens 600,- € betragen. Nur für die Pauschbeträge für behinderte Menschen und Hinterbliebene hat diese Antragsgrenze keine Bedeutung. Die Werbungskosten werden bei der Berechnung der Antragsgrenze um den Arbeitnehmer-Pauschbetrag in Höhe von 920,- € gekürzt. Ist diese Voraussetzung erfüllt, werden Aufwendungen nur insoweit als Freibetrag eingetragen, als sie die Pauschbeträge für Werbungskosten (920,- €) und Sonderausgaben (36,- €) sowie die zumutbare Belastung bei außergewöhnlichen Belastungen übersteigen.

Der Antrag auf Lohnsteuerermäßigung kann bis spätestens 30. November des laufenden Kalenderjahrs beim Finanzamt gestellt werden. Weitere Einzelheiten zu

Eintragungen auf der Lohnsteuerkarte auf Antrag, die überwiegend die Eltern von Studierenden betreffen, finden sich in Kapitel 6.

Beispiel: Berechnung eines Lohnsteuerfreibetrags (Studierende)

(1) Voraussichtliche Aufwendungen eines ledigen Arbeitnehmers:

Die Entfernung zwischen Wohnung und Arbeitsstätte beträgt 35 km und die
Anzahl der Jahresarbeitstage 210
Kirchensteuer: 400 €/Jahr
Spenden: 200 €/Jahr
Eigenbeteiligung an Zahnarztkosten: 1.600 €

(2) Ermittlung der Antragsgrenze von 600 €:

Entfernungspauschale für (35 km – 20 km) · 0,30 €/km	
= 4,50 € je Arbeitstag · 210 Arbeitstage =	945 €
– Arbeitnehmer-Pauschbetrag	– 920 €
= Werbungskosten	**25 €**
Kirchensteuer	400 €
Spenden	200 €
= Sonderausgaben	**600 €**
Zahnarztkosten	1.600 €
= außergewöhnliche Belastungen	**1.600 €**
Summe aus Werbungskosten, Sonderausgaben und außergewöhnlichen Belastungen	2.225 €

⇨ **Freibetrag wird eingetragen**

(3) Berechnung der Höhe des Freibetrages:

Werbungskosten (945 € – 920 €)	25 €
Sonderausgaben (600 € – 36 €)	564 €
außergewöhnliche Belastungen(1.600 € – 1.500 €)	100 €
(Bei einem Gesamtbetrag der Einkünfte in Höhe von 25.000 € beträgt die zumutbare Belastung: 6% von 25.000 € = 1.500 €.)	
= Freibetrag	**689 €**

Abb. 2.1:   Beispielberechnung eines Lohnsteuerfreibetrags

2.2.3 Darf man auch auf zwei Lohnsteuerkarten arbeiten?

Den Führerschein gibt's nur einmal – Lohnsteuerkarten verteilt der Staat großzügiger. Soll der Steuerabzug mit Lohnsteuerkarte durchgeführt werden, benötigt jeder Arbeitgeber wegen der individuellen persönlichen Verhältnisse des Arbeitnehmers eine Lohnsteuerkarte. Hat ein Arbeitnehmer mehrere Beschäftigungsverhältnisse, dann benötigt er auch mehrere Lohnsteuerkarten, die er sich von der Gemeinde ausstellen lassen kann. Gerade bei Studierenden kommt es nicht selten vor, dass sie auch noch ein zweites Arbeitsverhältnis haben und dafür eine zweite Lohnsteuerkarte brauchen.

Für die erste Lohnsteuerkarte erfüllen Studierende, wenn sie ledig sind, die Voraussetzungen der Steuerklasse I. In jede weitere Lohnsteuerkarte wird aber die Steuerklasse VI eingetragen. Der Steuerabzug vom Lohn ist dann deutlich höher. Bei einem Arbeitslohn in Höhe von 800,- € im Monat fällt in der Lohnsteuerklasse I keine Lohnsteuer an, in der Lohnsteuerklasse VI dagegen 130,08 €.

Nur wenn für den geschätzten Jahresarbeitslohn aus dem ersten Dienstverhältnis voraussichtlich **keine** Lohnsteuer anfällt, können sich Studierende – andere Arbeitnehmer natürlich auch – vom Finanzamt auf ihrer zweiten oder jeder weiteren Lohnsteuerkarte mit Steuerklasse VI einen Freibetrag und auf der ersten Lohnsteuerkarte einen Hinzurechnungsbetrag in gleicher Höhe eintragen lassen. Klingt schon sehr abenteuerlich, dient aber dazu, den Steuerabzug durch die Klasse VI bereits im laufenden Kalenderjahr zu vermeiden.

Der Jahresfreibetrag für alle Lohnsteuerkarten mit der Steuerklasse VI und der korrespondierende Hinzurechnungsbetrag in Steuerklasse I sind begrenzt auf 10.783,- €. Bis zu diesem Betrag fällt für die Steuerklasse I keine Lohnsteuer an.

Beispiel

Ein Student hat zwei Jobs: Als wissenschaftliche Hilfskraft bekommt er 420,- € monatlich (1. Lohnsteuerkarte, Steuerklasse I) und für seine Aushilfstätigkeit in einem Lokal 450,- € im Monat (2. Lohnsteuerkarte, Steuerklasse VI). Es ist ausreichend, sich einen Freibetrag von 5.400,- € (= 12 · 450,- €) auf der 2. Lohnsteuerkarte mit Steuerklasse VI eintragen zu lassen. Dadurch wird der Arbeitslohn aus der Aushilfstätigkeit steuerfrei gestellt. Der Hinzurechnungsbetrag (5.400,- €) und der Arbeitslohn (12 · 420,- € = 5.040 €) auf der 1. Lohnsteuerkarte mit Steuerklasse I betragen 10.440,- €. Sie liegen unter 10.783,- € und sind somit auch steuerfrei. Die Eintragung eines höheren Freibetrags ist nicht zu empfehlen, da der dann auch höhere Hinzurechnungsbetrag zu einer Steuerzahlung führen würde.

2.2.4   Arbeiten ohne Lohnsteuerkarte

Die Vorlage einer Lohnsteuerkarte ist nicht erforderlich, wenn der Arbeitgeber eine Lohnsteuerpauschalierung durchführt. Für kurzfristige oder mit geringem Arbeitsentgelt beschäftigte Arbeitnehmer kann die Lohnsteuer, anstelle des Lohnsteuerabzugs nach den Eintragungen auf der Lohnsteuerkarte, mit einem festen Pauschalsteuersatz vom Arbeitgeber entrichtet werden.

Kurzfristige Beschäftigungen

1.   Allgemeine kurzfristige Beschäftigungsverhältnisse

Eine kurzfristige Beschäftigung liegt vor bei gelegentlichen Beschäftigungsverhältnissen (Aushilfen), die nicht länger als 18 zusammenhängende Arbeitstage dauern. Der durchschnittliche Tageslohn darf während der Beschäftigungsdauer nicht über 62,- € liegen und der durchschnittliche Lohn je Arbeitsstunde im Kalenderjahr darf 12,- € nicht übersteigen.

Der Tageshöchstlohn gilt nicht, wenn der Arbeitnehmer sofort und unvorhergesehen (z.B. Unfall) eine vorübergehende Tätigkeit übernehmen muss.

Der Pauschalsteuersatz bei diesen kurzfristigen Beschäftigungen beträgt 25 % vom Arbeitslohn. Hinzu kommen noch 5,5 % Solidaritätszuschlag und 7 % pauschalierte Kirchensteuer auf die Lohnsteuer.

2.   Aushilfstätigkeiten in der Land- und Forstwirtschaft

Werden im Rahmen einer Aushilfstätigkeit typische land- und forstwirtschaftliche Arbeiten ausgeführt (bis zur Fertigstellung des Erzeugnisses, kein Vermarkten), die nicht ganzjährig anfallen, kann der Arbeitgeber vom Arbeitslohn eine pauschale Lohnsteuer in Höhe von 5 % an das Finanzamt abführen. Hinzu kommen noch 5,5 % Solidaritätszuschlag und 7 % pauschalierte Kirchensteuer auf die Lohnsteuer.

Weitere Voraussetzungen dafür sind, dass der Arbeitnehmer keine Fachkraft ist, die Beschäftigungsdauer nicht mehr als 180 Tage im Kalenderjahr beträgt und der durchschnittliche Stundenlohn im Kalenderjahr 12,- € nicht übersteigt.

Geringfügig entlohnte Beschäftigungen

Eine geringfügig entlohnte Beschäftigung (Haupt- oder Nebenbeschäftigung) liegt vor, wenn das Arbeitsentgelt aus einer Beschäftigung – oder mehreren Beschäftigungen zusammengerechnet – regelmäßig 400,- € im Monat nicht übersteigt. Eine Zeitgrenze gibt es nicht. Zu unterscheiden sind geringfügige Beschäftigungen, die vom Arbeitgeber pauschal rentenversichert werden, und solche, bei denen der Arbeitgeber den allgemeinen Rentenversicherungsbeitrag entrichtet.

1. Geringfügig entlohnte Beschäftigungen, die vom Arbeitgeber pauschal rentenversichert werden

Entscheidet sich der Arbeitgeber für die Entrichtung eines pauschalen Rentenversicherungsbeitrages, dann muss er einen Pauschalbetrag in Höhe von 30 % des Arbeitslohnes an die Bundesknappschaft abführen. Darin enthalten ist eine Pauschalsteuer von 2 %; der Rest entfällt auf Krankenversicherung (13 %) und Rentenversicherung (15 %).

Für geringfügige Beschäftigungen in Privathaushalten gilt die Besonderheit, dass der Arbeitgeber nur einen Pauschalbetrag in Höhe von 12 % (5 % Rentenversicherung, 5 % Krankenversicherung und 2 % Steuer) des Arbeitslohns abführen muss. Der Pauschalsteuersatz beträgt folglich immer 2 %.

2. Geringfügig entlohnte Beschäftigungen, die vom Arbeitgeber nicht pauschal rentenversichert werden

Anstelle pauschaler Arbeitgeberbeiträge für geringfügige Beschäftigungen an die Bundesknappschaft abzuführen, kann der Arbeitgeber den allgemeinen Rentenversicherungsbeitrag entrichten und eine pauschale Lohnsteuer an das Finanzamt abführen. Der Pauschalsteuersatz beträgt dann 20 % vom Arbeitslohn, unabhängig davon, ob gewerblicher Bereich oder Privathaushalt vorliegt. Hinzu kommen noch 5,5 % Solidaritätszuschlag und 7 % pauschalierte Kirchensteuer auf die Lohnsteuer.

2.2.5 Entscheidungsgründe für Arbeiten mit oder ohne Lohnsteuerkarte

Eine Pauschalierung der Lohnsteuer unter den oben genannten Voraussetzungen ohne Vorlage einer Lohnsteuerkarte ist in vielen Fällen nur augenscheinlich vorteilhaft.

Arbeiten Studierende nur wenige Wochen oder Monate im Kalenderjahr, ist es für sie häufig günstiger, sich für ein Beschäftigungsverhältnis unter Vorlage der Lohnsteuerkarte zu entscheiden. Auf das ganze Jahr gesehen fällt häufig keine oder nur eine geringe Lohnsteuer an, obwohl für den einzelnen Lohnzahlungszeitraum (z.B. bei kurzfristigen Beschäftigungsverhältnissen) ein höherer Lohnsteuerabzug als mit dem jeweiligen festen Pauschalsteuersatz erfolgt. Entscheidend ist nicht der (kurze) Lohnzahlungszeitraum, sondern der Jahresarbeitslohn. In der Steuerklasse I fallen jährlich bis 10.764,- € Arbeitslohn keine Steuerabzüge an; die Pauschalsteuer hingegen ist immer fällig.

Darüber hinaus sind nur beim Steuerabzug mit Lohnsteuerkarte individuelle persönliche Verhältnisse des Arbeitnehmers steuerermäßigend zu berücksichtigen. Werbungskosten, Sonderausgaben, Vorsorgeaufwendungen oder außergewöhnliche Belastungen des Arbeitnehmers können für den pauschal besteuerten Arbeitslohn nicht beansprucht werden, da der Arbeitgeber Lohnsteuerschuldner ist.

Gerade letzter Tatbestand – Arbeitgeber trägt die pauschale Lohnsteuer –, führt häufig dazu, dass ein geringerer Nettolohn mit Studenten vereinbart wird.

Fazit

Häufig ist die Höhe der Steuer auf den Gesamtjahreslohn niedriger als die Pauschalsteuer, die immer zu zahlen ist, was für den Steuerabzug mit Lohnsteuerkarte spricht.

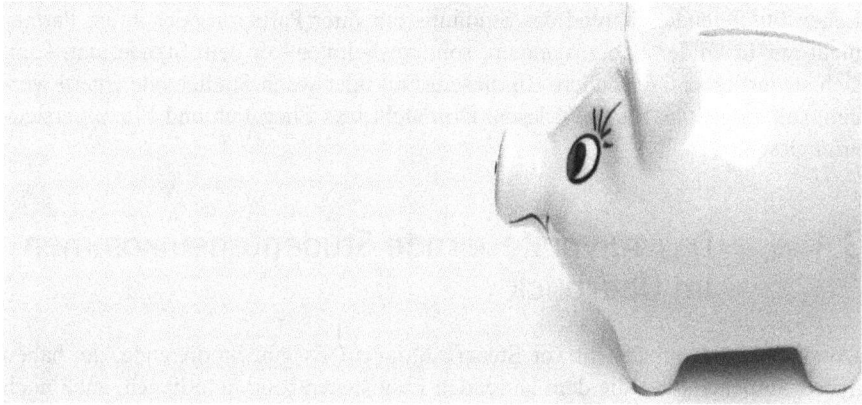

3 Was Studierende noch alles versteuern müssen und was sie dagegen tun können

Studierende können ledig, verheiratet – dabei zusammen oder getrennt leben – oder auch wieder geschieden sein. All diesen Lebensformen wird steuerlich in unterschiedlicher Weise Rechnung getragen.

Da die überwiegende Zahl der Studierenden ledig ist, gehen die Ausführungen in diesem Kapitel grundsätzlich von diesem „steuerlichen Regelfall" aus. Jeder Studierende wird, wenn er steuerpflichtig ist, als Einzelperson zur Einkommensteuer veranlagt. Veranlagung heißt das Verfahren beim Finanzamt von der Abgabe der Steuererklärung bis zum Erlass des Steuerbescheids.

Die Einzelveranlagung unterscheidet sich wesentlich von der Zusammenveranlagung von Ehegatten. Diese Form der Ehegattenbesteuerung ist besser bekannt als Splittingverfahren

Leben Studierende während des Studiums mit ihrer Partnerin oder ihrem Partner nicht nur in wilder Ehe zusammen, sondern heiraten vor dem Standesamt, kann sich steuerlich einiges ändern. In diesem Fall oder wenn Studierende Eltern werden, sollten sie das Kapitel 4 lesen. Dort steht was Ehegatten und Eltern versteuern müssen.

3.1   Das zu versteuernde Studenteneinkommen im Überblick

Unwissenheit schützt nicht vor Steuerzahlungen! Es gibt Studierende, die haben neben Studentenjobs, die dem laufenden Lohnsteuerabzug unterliegen, auch noch andere Einkommensquellen: Der Großvater schenkt der fleißig studierenden Enkelin eine vermietete Eigentumswohnung und ein Wertpapierpaket. Die jährlichen Mieteinnahmen betragen 9.600,- € und die Zinserträge 6.000,- €. Sind diese Einnahmen etwa auch zu versteuern?

Einkommen, das von natürlichen Personen im Inland innerhalb eines Jahres erzielt wird, unterliegt nach § 1 des Einkommensteuergesetzes der **Einkommensteuer** – und damit auch das Einkommen von Studierenden.

Das im vorangegangenen Kapital dargestellte **Lohnsteuerabzugsverfahren** ist nur eine besondere Erhebungsform der Einkommensteuer.

Anknüpfungspunkt für die Einkommensteuer ist das zu versteuernde Einkommen. Um diese Größe zu erreichen, sind in mehreren Schritten Einnahmen (Mittelzuflüsse) den Ausgaben (Mittelabflüsse) gegenüberzustellen; der Endsaldo ist das zu versteuernde Einkommen. Den Gesamtzusammenhang zeigt vereinfacht Abbildung 3.1.

Einkünfte heißt noch lange nicht Einnahmen. Das muss sich jeder Studierende nun wirklich merken und nie vergessen:

> Einkünfte sind immer das Ergebnis aus der Gegenüberstellung von Einnahmen und Ausgaben. Das Ergebnis kann sowohl positiv als auch negativ sein.

Je nach Einkunftsart werden Einnahmen auch als Betriebseinnahmen und Ausgaben als Betriebsausgaben oder sogar als Werbungskosten bezeichnet. Spielt keine wesentliche Rolle: Betriebsausgaben bzw. Werbungskosten reduzieren gleichermaßen die Einnahmen und damit auch die Steuerzahlungen.

Alle Einkünfte – ob positiv oder negativ – werden zusammengerechnet und ergeben die Summe der Einkünfte.

Die Ermittlung des zu versteuernden Einkommens

Einkünfte aus Land- und Forstwirtschaft   ⎫   jeweils:
Einkünfte aus Gewerbebetrieb   ⎬   Betriebseinnahmen
Einkünfte aus selbständiger Arbeit   ⎭   – Betriebsausgaben

Einkünfte aus nichtselbständiger Arbeit   ⎫
Einkünfte aus Kapitalvermögen   ⎬   jeweils:
Einkünfte aus Vermietung und Verpachtung   ⎬   Einnahmen
sonstige Einkünfte   ⎭   – Werbungskosten

= Summe der Einkünfte
– Altersentlastungsbetrag
– Entlastungsbetrag für Alleinerziehende

= Gesamtbetrag der Einkünfte
– Sonderausgaben
– Außergewöhnliche Belastungen

= Einkommen
– Kinderfreibetrag

= zu versteuerndes Einkommen

Abb. 3.1:   Ermittlung des zu versteuernden Einkommens

Alles was nach der Summe der Einkünfte kommt, sind Abzugsbeträge, die vorhandene positive Einkünfte weiter vermindern. Nur das, was am Ende übrig bleibt, ist zu versteuern.

Ergibt sich als Summe der Einkünfte Null oder gar ein Verlust, dann kann nichts mehr abgezogen werden. Ein Verlust kann aber zuerst mit positiven Einkünften des vorangegangenen Jahres und dann der Folgejahre verrechnet werden (Verlustrücktrag und Verlustvortrag).

3.2   Einkunftsarten gibt es viele

Nach § 2 des Einkommensteuergesetzes unterliegen sieben Arten von Einkünften der Besteuerung.

(1) Einkünfte aus Land- und Forstwirtschaft
(2) Einkünfte aus Gewerbebetrieb
(3) Einkünfte aus selbständiger Arbeit
(4) Einkünfte aus nichtselbständiger Arbeit
(5) Einkünfte aus Kapitalvermögen
(6) Einkünfte aus Vermietung und Verpachtung
(7) sonstige Einkünfte

Einkünfte aus Land- und Forstwirtschaft, Einkünfte aus Gewerbebetrieb und Einkünfte aus selbständiger Arbeit gehören zu den Gewinneinkunftsarten. Die Einkünfte werden durch Gegenüberstellung von Betriebseinnahmen und Betriebsausgaben ermittelt. Das Ergebnis kann sowohl positiv (Gewinn) als auch negativ (Verlust) sein.

Einkünfte aus nichtselbständiger Arbeit, Einkünfte aus Kapitalvermögen, Einkünfte aus Vermietung und Verpachtung und sonstige Einkünfte gehören zu den Überschusseinkunftsarten. Die Einkünfte sind definitionsgemäß Einnahmen abzüglich Werbungskosten. Auch hier können sich negative Beträge ergeben, so dass es sich bei diesen Einkünften um Überschüsse oder Verluste handelt.

Alle anderen Mittelzu- bzw. Mittelabflüsse sind einkommensteuerlich nicht relevant, d.h. sie können nicht zu Einkommen im Sinne des Einkommensteuergesetzes führen (z.B. Lottogewinne, Veräußerungsgewinne im Privatvermögen unter bestimmten Voraussetzungen).

3.3   Wichtigste Einkunftsart: Der Studierende als Arbeitnehmer

Studenten, die aus einem Dienstverhältnis Arbeitslohn beziehen sind steuerrechtlich Arbeitnehmer. Die Einnahmen des Arbeitnehmers aus seiner Tätigkeit abzüglich seiner Werbungskosten sind Einkünfte aus nichtselbständiger Arbeit.

Einnahmen sind alle einem Steuerpflichtigen aus einer Arbeitnehmertätigkeit im Kalenderjahr zugeflossenen Geld- und Sachleistungen.

Werbungskosten sind alle im Zusammenhang mit der Tätigkeit entstehenden Aufwendungen zum Erwerb, der Sicherung und Erhaltung der Einnahmen.

Die Einkünfte können sowohl positiv als auch negativ sein: Ein Überschuss der Einnahmen über die Werbungskosten oder ein Verlust.

3.3.1 Einnahmen

Einnahmen sind alle einem Studenten aus einer Arbeitnehmertätigkeit im Kalenderjahr zugeflossenen Geld- und Sachleistungen. Es ist unerheblich, unter welcher Bezeichnung oder in welcher Form die Einnahmen gewährt werden. Arbeitslohn ist die Gegenleistung für das zur Verfügung stellen der individuellen Arbeitskraft. Im Regelfall ist dies der Bruttojahreslohn, bestehend aus regelmäßig (z.b. monatlich) und unregelmäßig erfolgten Zahlungen (Gehälter, Urlaubsgelder, Prämien etc.). Hinzukommen können aber auch Sach- und Dienstleistungen vom Arbeitgeber an den Arbeitnehmer. Für Zwecke der Besteuerung ist bei Leistungen, die nicht in Geld bestehen, ein sog. geldwerter Vorteil für den Arbeitnehmer zu ermitteln.

Das ist ja unglaublich: Ist denn wirklich alles, was der Studierende von seinem Arbeitgeber oder von zufriedenen Kunden zugesteckt bekommt, z.b. ein mickriges Trinkgeld, eine Schachtel Pralinen zum Geburtstag oder eine Tasse Kaffee während einer anstrengenden Teamsitzung, steuerpflichtig?

Nein, bestimmte, insbesondere kleinere, Geld- oder Sachleistungen (Annehmlichkeiten) an Arbeitnehmer führen aber erst ab einer bestimmten Höhe oder gar nicht zu steuerpflichtigen Einnahmen.

3.3.2 Es gibt auch steuerfreie Einnahmen

Steuerfreie Einnahmen sind Zuwendungen und geldwerte Vorteile, auf deren Besteuerung aus Erhebungs- oder Billigkeitsgründen verzichtet wird. Im Folgenden sind nur die wichtigsten, für Studierende in Betracht kommende, steuerfreie Einnahmen angeführt – alphabetisch geordnet, um den Überblick zu behalten.

Arbeitsessen

Darauf freut sich jeder Werkstudent: Kostenlose Arbeitsessen im Betrieb anlässlich und während eines außergewöhnlichen Arbeitseinsatzes. Der Wert der Speisen und Getränke darf aber 40,- € pro Arbeitnehmer und Arbeitseinsatz nicht überschreiten.

Aufmerksamkeiten

Zur Erhaltung der studentischen Arbeitskraft verzichtet der Fiskus auf die Besteuerung von kleinen Aufmerksamkeiten am Arbeitsplatz wie beispielsweise kostenloser Kaffee oder Erfrischungsgetränke.

BahnCard

Studierende brauchen einfach eine BahnCard, wenn sie kein Auto haben oder nicht damit fahren wollen. Der Kostenersatz einer BahnCard durch den Arbeitgeber ist steuerfrei, wenn dadurch – ungeachtet der privaten Nutzungsmöglichkeit – die Fahrtkosten für Dienstreisen gemindert werden. Der Arbeitgeber spart also Reisekosten. Das wird zwar regelmäßig der Fall sein, aber nur, wenn Studierende auch auf Dienstreise gehen dürfen.

Berufskleidung

Nur die Überlassung von typischer Berufskleidung (Berufskittel jeglicher Art, Uniformen, Amtstrachten, Sportbekleidungen, Schutzkleidungen) ist steuerfrei. Wem's nichts ausmacht, der kann damit auch zur Uni gehen.

Beruflich veranlasste Aufwendungen

Steuerfrei sind Erstattungen von Reisekosten, Umzugskosten, Mehraufwendungen bei doppelter Haushaltsführung und Telefonkosten für beruflich veranlasste Gespräche durch den Arbeitgeber.

Betriebsveranstaltungen

Feiern fördert das Betriebsklima, aber zu viel ist ungesund. Zuwendungen im Rahmen von höchstens zwei Betriebsveranstaltungen im Jahr (Weihnachtsfeier, Betriebsausflug etc.), wenn die Zuwendungen bei einer Betriebsveranstaltung insgesamt nicht mehr als 110,- € je Arbeitnehmer betragen, sind steuerfrei. Wird der Höchstbetrag auch nur geringfügig überschritten, so liegt in vollem Umfang steuerpflichtiger Arbeitslohn vor.

Bildschirmbrille

Studierende sitzen während ihres Jobs häufig stundenlang vor einem Bildschirm. Eine kostenlos zur Verfügung gestellte Bildschirmbrille ist steuerfrei, wenn nach dem Ergebnis einer Untersuchung der Augen und des Sehvermögens (Optiker, Augenarzt) diese spezielle Sehhilfe notwendig ist.

Fehlgeldentschädigungen

Bei Jobs im Supermarkt: Fehlgeldentschädigungen für Kassenpersonal in Höhe der Kassenfehlbestände oder pauschal bis 16,- € monatlich sind steuerfrei.

Firmenwagen

Einen Firmenwagen, den sie auch privat nutzen können, werden Studenten wohl selten bei der Ausübung ihres Studentenjobs bekommen. Dies ist eher relevant für die berufstätigen Eltern der Studierenden (siehe Kapitel 3).

Fortbildung

Kann einem Studierenden mal passieren; er darf oder muss auf Lehrgang, um sich fortzubilden. Leistungen für Fortbildungsmaßnahmen des Arbeitnehmers sind nur steuerfrei, wenn die Bildungsmaßnahme die Einsatzfähigkeit des Arbeitnehmers im Betrieb des Arbeitgebers erhöhen soll.

Gelegenheitsgeschenke

Studierende arbeiten sogar an ihrem Geburtstag gern, weil sie sich ein kleines Geschenk erwarten. Gelegenheitsgeschenke (nur Sachgeschenke, keine Barzuwendungen) aufgrund eines persönlichen Anlasses des Arbeitnehmers, z.B. Blumen, Buch, CD zum Geburtstag, sind bis 40,- € steuerfrei.

Geringfügige und kurzfristige Beschäftigung

Geringfügige und kurzfristige Beschäftigungsverhältnisse sind für den Arbeitnehmer steuerfrei, wenn dafür eine pauschale Lohnsteuer vom Arbeitgeber – ohne Lohnsteuerkarte - entrichtet wird (siehe Kapitel 2).

Krankheits- oder Unglücksfälle

Beihilfen in Krankheits- oder Unglücksfällen sind bis 600,- € pro Jahr steuerfrei.

Parkplätze

Die kostenlose Benutzung von Parkplätzen auf dem Betriebsgelände ist tatsächlich steuerfrei.

Personalcomputer

Privates Surfen erlaubt: Gestattet der Arbeitgeber dem Arbeitnehmer die private Nutzung von betrieblichen Personalcomputern und Telekommunikationsgeräten (kann auch im häuslichen Bereich sein), ist dies steuerfrei.

Preisnachlässe

Glücklich kann sich schätzen, wer bei einer Firma arbeitet, die Konsumgüter herstellt oder verkauft – und das mit Belegschaftsrabatt. Preisnachlässe für Waren oder Dienstleistungen des Arbeitgebers bis zu 4 % vom Listenpreis und zusätzlich bis 1.080,- €/Jahr sind steuerfrei.

Sachbezüge

Sachbezüge vom Arbeitgeber (z.B. kostenloses Tanken, Kreditkartengebühr für privat nutzbare Kreditkarten, verbilligte Überlassung einer Mietwohnung) die 44,- € monatlich nicht übersteigen, sind steuerfrei. Wird die Freigrenze in einem Kalendermonat überschritten, ist der geldwerte Vorteil insgesamt zu versteuern. Eine Übertragung auf andere Kalendermonate ist nicht möglich.

Die monatliche Freigrenze von 44,- € gilt nicht nur für Waren, sondern auch für Warengutscheine, wenn sie keine Wertangabe über die abzugebende Warenmenge enthalten (z.B. 40 Liter Benzin, nicht zulässig: Benzin bis 44,- €). Die monatliche Freigrenze von 44,- € gilt deshalb auch nicht bei Gewährung von Belegschaftsrabatten, da es sich um einen Preisnachlass handelt.

Sammelbeförderung

Für Studierende, die zu Hause abgeholt und auf Kosten des Arbeitgebers zur Arbeitstätte gebracht werden: Die Gewährung einer Sammelbeförderung durch den Arbeitgeber von der Wohnung zur Arbeitsstätte ist steuerfrei. Der Arbeitnehmer darf aber dann keine Entfernungspauschale als Werbungskosten ansetzen.

Trinkgelder

Hochinteressant für Studierende, die bei Dienstleistungsbetrieben jobben: Freiwillig gezahlte Trinkgelder ohne Rechtsanspruch sind steuerfrei. Zu diesen Trinkgeldern als Anerkennung für die erbrachten Dienstleistungen gehören z.B. Trinkgelder im Gaststättengewerbe, Trinkgelder an Friseurgehilfen, Taxifahrer usw. Nicht dazu gehören Trinkgelder mit Rechtsanspruch, z.B. der feste Bedienungszuschlag von 10 bis 15 % im Gaststättengewerbe. Sie basieren auf einer Vereinbarung zwischen Arbeitgeber und Arbeitnehmer und sind in voller Höhe steuerpflichtiger Arbeitslohn.

Zuschläge für besondere Arbeitszeiten

Tagsüber arbeiten und nachts studieren! Das sollten Studierende umgekehrt machen, denn Zuschläge auf den Grundlohn für Nachtarbeit (20 bis 6 Uhr) bis zu 25 % bzw. von 0 bis 4 Uhr bis zu 40 %, für Sonntagsarbeit bis zu 50 % und Feiertagsarbeit bis zu 125 % sind steuerfrei; an den Weihnachtsfeiertagen und am 1. Mai sind dies sogar bis zu 150 %.

3.3.3   Es kommt noch besser: Werbungskosten verringern die Einnahmen

Werbungskosten sind wahre Einnahmen-Killer: Alle im Zusammenhang mit der Tätigkeit entstehenden Aufwendungen

- zum Erwerb,
- der Sicherung,
- und Erhaltung

der Einnahmen dürfen als Werbungskosten angesetzt werden und vermindern somit die Einnahmen. Der studentischen Kreativität sind keine Grenzen gesetzt!

Achtung

Berufsbedingte Kosten, die nicht eindeutig von Aufwendungen für die private Lebensführung abzugrenzen sind (z.b. Kleidung), sind nach § 12 des Einkommensteuergesetzes grundsätzlich keine Werbungskosten und Erstattungsbeiträge des Arbeitgebers (z.b. Dienstreisekosten) kürzen natürlich den Werbungskostenabzug.

Art und Höhe der Werbungskosten bei Einkünften aus nichtselbständiger Arbeit müssen entweder mit Belegen nachgewiesen oder nachweisbar glaubhaft gemacht werden. Nur in einigen wenigen Fällen sind Pauschbeträge abzugsfähig.

Werbungskosten suchen und finden! Die Mühe lohnt sich, denn Werbungskosten reduzieren den kargen studentischen Arbeitslohn und vermeiden somit häufig Steuerzahlungen. Nachfolgende Ausführungen zu Werbungskosten können weder abschließend noch verbindlich sein und beschränken sich zudem auf für Studierende relevante Sachverhalte. Da Studierende wenig Zeit haben, sind die Werbungskostenarten zum schnellen Auffinden auch alphabetisch geordnet:

Arbeitsmittel

Hier wird jeder Studierende fündig. Zu den Arbeitsmitteln gehören Gegenstände, die der Arbeitnehmer zur Ausübung seiner Tätigkeit einsetzt und die ihm vom Arbeitgeber nicht zur Verfügung gestellt werden. Die Aufwendungen des Arbeitnehmers für Arbeitsmittel sind dann Werbungskosten. Als Aufwendungen sind nicht nur die Anschaffungskosten von Arbeitsmitteln, sondern auch deren Erhaltungskosten, z.B. Reinigung, Reparaturen, zu berücksichtigen.

Bei Gegenständen, die auch im Rahmen der privaten Lebensführung Verwendung finden können, z.B. Musikinstrumenten oder Werkzeugen, hängt die Anerkennung als Arbeitsmittel grundsätzlich davon ab, dass sie fast ausschließlich beruflichen Zwecken dienen. Ihre Privatnutzung darf nur von ganz untergeordneter Bedeutung sein; nach der Rechtsprechung werden zwischen 10 und 15 % noch als unschädlich angesehen.

Für Arbeitsmittel, deren Anschaffungskosten mehr als 410,- € (ohne Umsatzsteuer) betragen und deren Nutzungsdauer mehr als ein Jahr beträgt, dürfen jedes Jahr nur anteilige Abschreibungen als Werbungskosten angesetzt werden. Die Abschreibungsdauer ergibt sich aus AfA-Tabellen (AfA = Absetzung für Abnutzung), welche die Finanzverwaltung in regelmäßigen Abständen den tatsächlichen Gegebenheiten anpasst und veröffentlicht.

Im Einzelnen können folgende Gegenstände Arbeitsmittel sein:

- **Aktentasche, Aktenkoffer** u.ä., wenn sie beruflich genutzt werden.
- **Arbeitskleidung**, die typischerweise nur bei der Berufsausübung getragen wird. Hierzu gehören Arbeitskleidung und andere Kleidungsstücke, die nahezu ausschließlich für die berufliche Verwendung bestimmt und notwendig sind: Berufskittel jeglicher Art, Uniformen, Arbeitsstiefel, Schutzkleidungen. Handelt es sich um Kleidung, die auch privat getragen werden kann, muss eine ausschließlich berufliche Nutzung gegeben sein (z.b. schwarzer Rock einer Serviererin, weiße Oberbekleidung von Friseuren; nicht dagegen: Anzug des Büroangestellten). Wird normale Straßenkleidung bei der Arbeit beschädigt, so sind die Wiederherstellungsaufwendungen ebenfalls Werbungskosten.
- **Bücherregal**, das ausschließlich für Fachliteratur benutzt wird, auch dann, wenn es sich nicht in einem häuslichen Arbeitszimmer befindet.
- **Büromaterial**, wie Schreibpapier, Stifte, Aktenordner
- **Computer** und dafür verwendungsfähige Software, wenn eine private Nutzung aufgrund der Eigenheiten nahezu ausgeschlossen ist. Ein relativ hoher Anschaffungspreis oder ein zusätzlich vorhandener Computer für private Korrespondenz und Spiele können Indizien für eine rein berufliche Nutzung sein. Ist eine private Mitbenutzung nicht nur von untergeordneter Bedeutung (unter 10 % der Gesamtnutzung), handelt es sich grundsätzlich um kein Arbeitsmittel. Der Arbeitnehmer kann jedoch durch Aufzeichnungen den zeitlichen Umfang der beruflichen Nutzung nachweisen und den entsprechenden Teil der Anschaffungskosten des Computers als Werbungskosten geltend machen. Liegen entsprechende Aufzeichnungen nicht vor, steht aber aufgrund der Tätigkeit des Arbeitnehmers die berufliche Nutzung zweifelsfrei fest, kann diese pauschal in Höhe von 35 % bis 50 % der Gesamtkosten angesetzt werden. Als Nutzungs- und Abschreibungsdauer für wird von der Finanzverwaltung ein Zeitraum von 3 Jahren angenommen. Peripherie-Geräte von PCs (Bildschirm, Drucker) sind in der Regel nicht selbstständig nutzungsfähig und somit nicht gesondert als Werbungskosten abziehbar; die Aufwendungen hierfür erhöhen den Wert der Computeranlage.
- **Fachbücher und -zeitschriften**, die sich, aufgrund ihres ausschließlich fachlichen Inhalts, auf das Arbeitsgebiet des Arbeitnehmers beziehen. Dagegen spricht auch nicht die Nutzung durch eine interessierte breitere Leserschaft. Handelt es sich um allgemeinbildende Literatur (z.B. Lexika, allgemeine Zeitschriften und Zeitungen), so ist ein Werbungskostenabzug, aufgrund der kaum möglichen Abgrenzung zwischen privater und beruflicher Nutzung, ganz ausgeschlossen.

- **Schreibtisch,** der beruflich genutzt wird, auch dann, wenn sich dieser nicht in einem häuslichen Arbeitszimmer befindet.
- **Werkzeuge,** wie Bohrmaschinen, Motorsägen u.ä., falls der Arbeitgeber sie aus welchen Gründen auch immer nicht zur Verfügung stellt.

Arbeitszimmer

Werbungskosten in unbegrenzter Höhe für ein häusliches Arbeitszimmer können Studierende als Arbeitnehmer nur geltend machen, wenn dieses den Mittelpunkt ihrer gesamten beruflichen Betätigung bildet. Da sie an keinem anderen Ort dauerhaft tätig sein dürfen, erfüllen die Voraussetzungen dafür nur Studierende, die ausschließlich zu Hause arbeiten (Heimarbeiter).

Ein Arbeitszimmer muss eine eigenständige Wohneinheit sein, die durch Türen von anderen Räumen getrennt ist. Daraus erfolgt, dass eine private Mitbenutzung, abgesehen von einem ganz untergeordneten Umfang, stets die Anerkennung als Arbeitszimmer ausschließt.

Als Werbungskosten können anteilige Miete, Wohneigentumskosten, Nebenkosten sowie Ausstattungskosten abgezogen werden. Dies sind bei einer Mietwohnung anteilige Kosten für Miete, Heizung, Reinigung, Instandhaltung, Strom, Hausratsversicherung und andere Umlagen des Vermieters. Ist der Studierende Eigentümer der Wohnung, dann wird die Miete ersetzt durch die anteilige Gebäudeabschreibung. Dazu können noch Schuldzinsen und zusätzliche Nebenkosten, wie Wassergeld, Müllabfuhr, Grundsteuer oder Gebäudeversicherungen kommen.

Bewerbungskosten

Bewerbungskosten sind alle Aufwendungen, die beim Versuch, einen erstmaligen, anderen oder zusätzlichen Arbeitsplatz zu erwerben, entstehen.

Bei der Arbeitsplatzsuche können Kosten für Stelleninserate, Porti, Telefon, Fotokopien der Bewerbungsunterlagen oder Reisekosten zum Vorstellungsgespräch anfallen.

Hinweis: Sind Bewerbungen in einem Kalenderjahr erfolglos und stehen den Bewerbungskosten keine Einnahmen aus nichtselbständiger Arbeit gegenüber, führt dies zu negativen Einkünften. Diese werden als Verluste zuerst mit positiven Einkünften aus anderen Einkunftsarten verrechnet. Gelingt dies nicht, dann können sie mit früheren oder späteren positiven Einkünften verrechnet werden (Verlustrück- oder Verlustvortrag).

Dienstreisen

Da Studierende im Regelfall dienstlich veranlasste Reisekosten von ihrem Arbeitgeber vollständig ersetzt bekommen, bleibt kein Raum für den Werbungskostenabzug. Sollte dies nicht der Fall sein, siehe Kapitel 4.

Dissertation

Ein erfolgreicher Studienabschluss ist die Voraussetzung für eine Promotion. Da durch die Dissertation in erster Linie berufliche Vorteile angestrebt werden – ein höheres Gehalt wird in Aussicht gestellt oder eine bestimmte Stellung kann nur ein promovierter Akademiker erreichen, ist ein hinreichend konkreter Zusammenhang mit späteren Einnahmen aus der angestrebten beruflichen Tätigkeit gegeben. Die Kosten der Promotion sind beruflich veranlasst und als Werbungskosten abziehbar.

Doppelte Haushaltsführung

Doppelte Haushaltsführung kann für einen Studierenden in Betracht kommen, wenn er wegen des Jobs neben seiner weiterhin bestehenden ersten Wohnung aufgrund der großen Entfernung eine zweite, seiner Arbeitsstätte näher liegende, Wohnung unterhält. Unabdingbare Voraussetzungen dafür sind

- die berufliche Veranlassung und
- die Unterhaltung eines zweiten eigenen Hausstandes.

Eine berufliche Veranlassung ist immer dann gegeben, wenn der Studierende eine Tätigkeit aufnimmt, innerhalb seiner Firma versetzt wird oder seine Arbeitsstelle wechselt.

Ein eigener Hausstand erfordert eine den Lebensbedürfnissen des Arbeitnehmers entsprechende Wohnung, die er als Haus-, Wohnungseigentümer oder Mieter zu nutzen berechtigt ist. In dieser Wohnung muss der Arbeitnehmer einen Haushalt unterhalten, das heißt, er muss die Haushaltsführung bestimmen oder wesentlich mitbestimmen.

Die Wohnung bzw. der Wohnort muss außerdem der Mittelpunkt der Lebensinteressen des Studenten sein, zu dem enge persönliche Beziehungen bestehen (z.B. Eltern, Verlobte, Freundes- und Bekanntenkreis, Vereinszugehörigkeiten und anderen Aktivitäten). Davon ist nur dann auszugehen, wenn diese Wohnung im Durchschnitt mindestens zweimal monatlich aufgesucht wird.

Dies alles gilt gleichermaßen für ledige – das ist die Mehrheit der Studenten – und verheiratete oder in eheähnlicher Lebensgemeinschaft lebende Arbeitnehmer.

Achtung

Für ledige Arbeitnehmer die im Haushalt ihrer Eltern wohnen, muss die Annahme einer doppelten Haushaltsführung verneint werden. Durch die Eingliederung in den Elternhaushalt unterhalten sie keinen eigenen Hausstand nach obigen Grundsätzen, auch wenn sie sich an den Kosten beteiligen.

Eine doppelte Haushaltsführung ist zeitlich nicht begrenzt. Liegen die Voraussetzungen dafür vor, kommen als abzugsfähige Aufwendungen in Betracht:

* Fahrtkosten,
* Mehraufwendungen für Verpflegung und
* Kosten für die Unterkunft am Beschäftigungsort.

1.   Fahrtkosten bei Aufnahme und Beendigung der Beschäftigung
Die nachgewiesenen Kosten für das gewählte Verkehrsmittel sind in voller Höhe absetzbar. Bei Benutzung eines eigenen Kraftfahrzeuges kann der Arbeitnehmer anstelle des Einzelnachweises auch den Pauschalbetrag von 0,30 € pro gefahrenen Kilometer ansetzen.

2.   Fahrtkosten für Familienheimfahrten

Der Arbeitnehmer kann nur eine, tatsächlich durchgeführte, wöchentliche Familienheimfahrt geltend machen. Unabhängig von der Art des Verkehrsmittels kann für Familienheimfahrten nur die Entfernungspauschale (siehe Fahrten zwischen Wohnung und Arbeitsstätte aber ab dem ersten Kilometer) mit 0,30 € je Entfernungskilometer angesetzt werden. Sind die nachgewiesenen Kosten öffentlicher Verkehrsmittel allerdings höher als die Entfernungspauschale, können die darüber hinausgehenden Aufwendungen zusätzlich als Werbungskosten abgezogen werden.

Für nicht durchgeführte Familienheimfahrten werden dem steuerpflichtigen Studierenden Kosten für Telefongespräche mit einer Gesamtdauer von 15 Minuten pro Woche und einem günstigen Tarif anerkannt.

3.   Mehraufwendungen für Verpflegung

Verpflegungsmehraufwendungen werden nur mit Pauschalbeträgen berücksichtigt. Die Pauschalen betragen – bei einem inländischen Beschäftigungsort – für jeden ganzen Kalendertag 24,- €. Ist die Dauer der Abwesenheit je Kalendertag vom Ort der Wohnung am Mittelpunkt der Lebensinteressen geringer, werden nur 12,- €

(Abwesenheitsdauer mindestens 14 Stunden) oder 6,- € (Abwesenheitsdauer mindestens 8 Stunden) berücksichtigt. Bei einer Abwesenheit von weniger als 8 Stunden erhält der Arbeitnehmer keine Pauschbeträge.

Der Ansatz von Verpflegungsmehraufwendungen ist nur für eine Übergangszeit von drei Monaten möglich.

4. Unterkunft am Beschäftigungsort

Grundsätzlich werden nur die nachgewiesenen, tatsächlichen Aufwendungen anerkannt (z.b. Hotelrechnung, Miete, Kosten für eigenes Haus oder Eigentumswohnung). Im Inland werden Pauschbeträge nicht anerkannt.

Alternative zur doppelten Haushaltsführung prüfen

Anstelle von wöchentlichen Familienheimfahrten sowie Mehraufwendungen wegen Übernachtung und Verpflegung kann der Steuerpflichtige auch wöchentlich mehrere **tatsächlich durchgeführte Fahrten** zwischen dem weiter entfernten Wohnsitz und seiner Arbeitsstätte geltend machen und so die Enfernungspauschale für Fahrten zwischen Wohnung und Arbeitsstätte nutzen.

Einsatzwechseltätigkeit

Sind Studierende als Bau- und Montagearbeiter an ständig wechselnden, unvorhersehbaren Stellen tätig, so ist der jeweilige Ort ihrer Tätigkeit dann ihre regelmäßige Arbeitsstätte, wenn sie nicht regelmäßig in der Woche mindestens 20 % ihrer vertraglichen Arbeitszeit im Betrieb verbringen. Sind diese Voraussetzungen erfüllt, ergeben sich u.a. steuerliche Abzugsmöglichkeiten wie bei Dienstreisen (Einzelheiten siehe Kapitel 4).

Fahrten zwischen Wohnung und Arbeitsstätte (Pendlerpauschale)

Für jeden Arbeitstag, an dem der Arbeitnehmer die Arbeitsstätte aufsucht, werden Fahrtkosten – unabhängig vom benutzten Verkehrsmittel – für jeden vollen Entfernungskilometer pauschal mit 0,30 € als Werbungskosten berücksichtigt. Bei dieser Entfernungspauschale (auch Pendlerpauschale genannt) werden aber die ersten 20 Entfernungskilometer nicht mitgerechnet.

Beispiel

Die Entfernung zwischen Wohnung und Arbeitsstätte beträgt 30 km und die Anzahl der Arbeitstage 230.

$(30 \text{ km} - 20 \text{ km}) \cdot 0,30 \text{ €/km} = 3,- €$ je Arbeitstag $\cdot$ 230 Arbeitstage = 690,- €/Jahr

Weitere Einzelheiten siehe Kapitel 4.

Taxifahrer

Taxifahrer ist ein beliebter Studentenjob, insbesondere in Großstädten. Für die langen Fahrdienstzeiten gibt es zumindest steuerlich eine kleine Entschädigung, denn Verpflegungsmehraufwendungen können mit den folgenden Pauschbeträgen als Werbungskosten angesetzt werden:

- 6,- € bei einer Abwesenheitsdauer von der Wohnung von mindestens 8 Stunden

- 12,- € bei einer Abwesenheitsdauer von der Wohnung von mindestens 14 Stunden

- 24,- € bei einer Abwesenheitsdauer von der Wohnung von mindestens 24 Stunden

Eine Fahrtätigkeit liegt nicht nur bei Taxifahrern, sondern bei allen Arbeitnehmern vor, die während ihrer Arbeitszeit nahezu ausschließlich mit ihrem Fahrzeug unterwegs sind, d.h. wenn sie mehr als 80 % ihrer vertraglichen Arbeitszeit auf dem Fahrzeug verbringen. Unter den Begriff der Fahrtätigkeit fallen deshalb fast alle Kraftfahrer und Beifahrer im Güter- und Personenbeförderungsverkehr.

Weitere Werbungskosten

Bewirtungskosten, Darlehen und Bürgschaften, Dienstreisen, Fernsprechgebühren und Internetnutzung, Fortbildungskosten, Führerscheinkosten, Geschenke, Kontoführungsgebühren, Krankheitskosten, Prozesskosten, Schadensersatzleistungen, Schmiergelder, Steuerberatungskosten, Umzugskosten, Unfallkosten, Versicherungsbeiträge u.a.m. sind bei Studierenden nur im Einzelfall gegeben und werden deshalb im Kapitel 4 behandelt.

3.3.4 Keine Werbungskosten gefunden: Dann eben Pauschale

Weist der Studierende keine oder nur geringe Werbungskosten nach, so steht ihm ein Arbeitnehmerpauschbetrag in Höhe von 920,- € jährlich zu. Der Pauschbetrag darf aber – im Gegensatz zu nachgewiesenen Werbungskosten – **nicht** bewirken, dass die Einkünfte nach dessen Abzug negativ werden. Nachfolgendes Beispiel verdeutlicht diesen Sachverhalt.

Alternativen	A	B	C
Bruttojahresarbeitslohn	50.000 €	30.000 €	800 €
(1) <u>kein</u> Werbungs- kostennachweis	– 920 €	– 920 €	– 800 €
= Einkünfte aus nicht- selbständiger Arbeit	49.080 €	29.080 €	0 €
(2) <u>nachgewiesene</u> Werbungskosten	– 10.000 €	– 500 €	– 2.000 €
= Einkünfte aus nicht- selbständiger Arbeit	40.000 €	29.080 €	– 1.200 €

Abb. 3.2: Wirkung des Arbeitnehmerpauschbetrages

3.4 Weitere Einkünfte von Studierenden, die es zu reduzieren gilt

3.4.1 Studierende als Unternehmer

Unternehmer sind Studierende schneller als sie denken. Haben sie bei der Ausführung ihrer Arbeiten weitgehend freie Hand, können dabei Zeit und Ort der Tätigkeit frei wählen, sind weder in den Betrieb eingegliedert noch unterliegen sie organisatorischen Weisungen, dann sind sie keine Arbeitnehmer, sondern Unternehmer.

Der Studierende schuldet nur einen Arbeitserfolg, für den er bezahlt wird. Da er sich alle notwendigen Arbeitsmittel selbst beschaffen muss, also Aufwendungen hat, trägt er das unternehmerische Risiko – Gewinne oder Verluste können entstehen.

Jede Tätigkeit, die selbständig und nachhaltig mit der Absicht ausgeübt wird, Gewinn zu erzielen, ist ein Gewerbebetrieb, wenn die Betätigung weder als Ausübung von Land- und Forstwirtschaft noch als eine selbständige Arbeit anzusehen ist. Für die ordnungsgemäße Versteuerung seiner Einkünfte aus Gewerbebetrieb hat der Student selbst zu sorgen.

Die Ermittlung der Einkünfte erfolgt für solche studentische Tätigkeiten in der Regel durch eine einfache Einnahmenüberschussrechnung. Dabei werden die Einnahmen (Betriebseinnahmen) aus der Tätigkeit den Ausgaben (Betriebsausgaben) gegenübergestellt. Der Unterschiedsbetrag ergibt den steuerlichen Gewinn oder Verlust. Der Betriebsausgabenbegriff entspricht dem Werbungskostenbegriff beim Arbeitnehmer (z.B. Reisekosten, Telefonkosten, Arbeitsmittel).

Nur bei Gewerbetreibenden, die auf Grund handelsgesetzlicher Vorschriften verpflichtet sind, Bücher zu führen und regelmäßig Abschlüsse zu machen (bei Gewinn aus Gewerbebetrieb von mehr als 30.000,- €), oder dies freiwillig tun, erfolgt die Gewinnermittlung durch Aufstellung einer Steuerbilanz.

Bei gewerblicher Tätigkeit ist der Studierende verpflichtet, nach Ablauf des Kalenderjahres bei seinem Finanzamt eine Einkommensteuererklärung abzugeben. Liegen keine weiteren steuerpflichtigen Einkünfte vor, bleibt ein Gewinn von 7.664,- € aber steuerfrei.

Hinweis

Alle Umsätze, die ein Student als Unternehmer tätigt, unterliegen grundsätzlich der 19%igen Umsatzsteuer. Bis zu 50.000,- € voraussichtlicher Umsatz im laufenden Kalenderjahr sind allerdings steuerfrei, wenn der Gesamtumsatz im vorangegangenen Kalenderjahr 17.500,- € nicht überstiegen hat (so genannte Kleinunternehmerregelung).

3.4.2   Studierende als Freiberufler

Voraussetzungen für die Annahme einer selbständigen Arbeit sind die eigenverantwortliche, erst durch erworbene Fachkenntnisse mögliche Tätigkeit. Das Einkommensteuergesetz nennt drei Personengruppen, die Einkünfte aus selbständiger Tätigkeit erzielen. Da die im Gesetz genannten sog. Katalogberufe (Ärzte, Anwälte etc.) und die diesen „ähnlichen" Berufe für Studierende nicht in Betracht kommen, bleibt nur die Gruppe der „selbständig ausgeübte wissenschaftliche, künstlerische, schriftstellerische, unterrichtende und erzieherische Tätigkeiten".

Bei der Ermittlung der Einkünfte aus selbständiger Arbeit besteht kein Unterschied zu den Einkünften aus Gewerbebetrieb. Wozu also die Unterscheidung überhaupt: Freiberufliche Tätigkeiten sind von der Gewerbesteuer befreit – einer zusätzlichen Steuerbelastung des Gewinns von ca. 20 %.

Bleiben noch die selbständigen **nebenberuflichen Tätigkeiten**: Eine Tätigkeit ist nebenberuflich, wenn sie vom zeitlichen Umfang her nicht mehr als ein Drittel der Tätigkeit ausmacht, die ein Vollerwerbstätiger zu erbringen hat. Da es dabei aber nicht darauf ankommt, dass außer der Nebentätigkeit auch ein Hauptberuf ausgeübt wird, können die Voraussetzungen auch Studenten erfüllen.

Bestimmte nebenberufliche Tätigkeiten sind steuerbegünstigt. Für nebenberufliche gemeinnützige Tätigkeiten als Ausbilder, Erzieher, Betreuer, Künstler oder Pfleger wird ein Freibetrag in Höhe von 2.100,- € jährlich gewährt (sog. Übungsleiterpauschale). Mit diesem Freibetrag sind Betriebsausgaben bis zu dieser Höhe abgegolten. Die Tätigkeiten müssen aber im Dienst oder Auftrag einer öffentlich-rechtlichen oder gemeinnützigen Körperschaft erfolgen und der Förderung gemeinnütziger, mildtätiger oder kirchlicher Zwecke dienen (z.B. gemeinnützige Sport- und Musikvereine, Rettungsdienstorganisationen, Feuerwehren, Schulen und Hochschulen, kirchliche Einrichtungen).

Für entgeltliche ehrenamtliche Betätigungen, die nebenberuflich ausgeübt werden und nicht unter die Begünstigung der Übungsleiterpauschale fallen, z.B. Tätigkeit als Platzwart o.ä., gibt es einen Freibetrag von jährlich 500,- €.

Für andere nebenberufliche wissenschaftliche, künstlerische und schriftstellerische Tätigkeiten sowie Vortrags- , Lehr- oder Prüfungstätigkeiten, die nicht unter die Freibetragsregelung fallen, können pauschal – ohne Einzelnachweis – 25 % der Betriebseinnahmen, höchstens 614,- € pro Jahr als Betriebsausgaben geltend gemacht werden.

Die Erteilung von Nachhilfeunterricht wird übrigens als Lehrtätigkeit angesehen.

3.4.3   Studierende als Kapitalanleger

Lieber das Kapital arbeiten lassen, als selbst zu arbeiten – BWL-Studierende hören das schon in den ersten Vorlesungen. Folgen Studierende dieser Empfehlung und lassen ihr Kapital arbeiten, müssen sie, wie alle anderen Kapitalanleger natürlich auch, ihre Erträge mit dem Finanzamt teilen. Einkünfte aus Kapitalvermögen sind die Einnahmen abzüglich der Werbungskosten.

Einnahmen

Zu den Einnahmen aus Kapitalvermögen gehören unter anderem

- Zinserträge aus Guthaben bei Kreditinstituten, aus Darlehen und anderen festverzinslichen Wertpapieren, z.B. Anleihen, Bundesobligationen sowie
- Dividenden aus Aktien und Gewinnanteile aus Beteiligungen an Unternehmen.

Einnahmen nach dem Halbeinkünfteverfahren

Ausschüttungen (Dividenden) von Aktiengesellschaften und anderen Kapitalgesellschaften (z.B. GmbH, Erwerbs- und Wirtschaftsgenossenschaften) unterliegen dem sog. Halbeinkünfteverfahren. Sie sind zur Hälfte steuerfrei.

Werbungskosten

Werbungskosten sind alle Aufwendungen, die durch die Einnahmen aus Kapitalvermögen veranlasst sind. Die mit dem Halbeinkünfteverfahren in Zusammenhang stehenden Werbungskosten sind auch nur zur Hälfte abziehbar. Wesentliche Werbungskosten bei Einkünften aus Kapitalvermögen sind:

- Arbeitsmittel, die ausschließlich oder weitaus überwiegend zur Erzielung von Kapitaleinkünften genutzt werden. Nur eine private Mitbenutzung von etwa 10 % (z.B. bei einem PC) ist unschädlich.
- Beratungskosten, die mit Kapitaleinnahmen in Zusammenhang stehen.
- Depotgebühren
- Fachbücher und Fachzeitschriften, z.B. Wertpapierzeitungen, nicht aber allgemeine Wirtschaftszeitungen wie die Wirtschaftswoche.
- Internetanschluss/-gebühren und Telefonkosten, soweit sie durch Einnahmen aus Kapitalvermögen veranlasst sind.
- Reisekosten zur Teilnahme an der Hauptversammlung einer Aktiengesellschaft.

- Schuldzinsen für aufgenommene Kredite, die im Zusammenhang mit dem Erwerb von Kapitalanlagen stehen.

Werbungskosten-Pauschbetrag

Der Werbungskosten - Pauschbetrag in Höhe von 51,- € ist von den Einnahmen abzuziehen, wenn die nachgewiesenen Werbungskosten nicht höher sind. Eine Halbierung des Werbungskosten- Pauschbetrag erfolgt nicht, auch wenn nur Einnahmen nach dem Halbeinkünfteverfahren vorhanden sind. Der Abzug des Pauschbetrags darf aber nicht zu einem Verlust führen.

Sparer-Freibetrag

Nach Abzug der Werbungskosten ist ein Sparer-Freibetrag von 750,- € abzuziehen. Eine Halbierung des Sparer-Freibetrags für Einnahmen, die nach dem Halbeinkünfteverfahren besteuert werden, erfolgt nicht. Der Sparer-Freibetrag darf nicht höher sein als die um die Werbungskosten geminderten Kapitalerträge.

Folgendes Beispiel zeigt die Ermittlung der Einkünfte aus Kapitalvermögen mit Werbungskosten-Pauschbetrag und Sparerfreibetrag.

Einnahmen aus Dividenden	1.200 €
– 50% steuerfrei	– 600 €
+ Zinseinnahmen	300 €
– Werbungskosten-Pauschbetrag	– 51 €
– Sparerfreibetrag	– 750 €
= Einkünfte aus Kapitalvermögen	99 €

Abb. 3.3:   Ermittlung der Einkünfte aus Kapitalvermögen

Kapitalertragsteuer

Kapitalerträge werden schon zu dem Zeitpunkt besteuert, in dem sie dem Empfänger zufließen. Diese während eines Jahres von der Bank an das Finanzamt abgeführte Kapitalertragsteuer – 30 % von den Zinseinkünften (Zinsabschlag) und 20 % von den Dividenden – ist eine Steuervorauszahlung und wird am Ende des Jahres mit der sich aus der Einkommensteuererklärung ergebenden Schuld verrechnet.

Kapitalertragsteuerabzug

Einnahmen aus Dividenden	400 €
– 20% Kapitalertragsteuer	– 80 €
+ Zinseinnahmen	+ 600 €
– 30% Kapitalertragsteuer	– 180 €
= Bankgutschrift	740 €

Steuererklärung

Einnahmen aus Dividenden	400 €
– 50% steuerfrei	– 200 €
+ Zinseinnahmen	+ 600 €
– Werbungskosten-Pauschbetrag (oder höhere nachgewiesene Werbungskosten)	– 51 €
– Sparerfreibetrag, maximal 750 €	– 749 €
= Einkünfte aus Kapitalvermögen	0 €

Die Steuerrückerstattung durch das Finanzamt beträgt:
80 € + 180 € = 260 €

Abb. 3.4:   Kapitalertragsteuerabzug und -rückerstattung

Hinweis

Für Kapitalerträge bis 801,- € (Sparer-Freibetrag von 750,- € und Werbungskosten-Pauschbetrag von 51,- €) wird keine Kapitalertragsteuer erhoben, wenn der Bank ein so genannter **Freistellungsauftrag** vorliegt.
Liegen die gesamten Einkünfte bei ledigen Personen unter 7.664,- € im Jahr, werden sie nicht zur Einkommensteuer veranlagt. Sie können sich vom Finanzamt auf Antrag eine **Nichtveranlagungs-(NV-)Bescheinigung** ausstellen lassen, die jeweils 3 Jahre gültig ist. Bei deren Vorlage erhalten sie von der Bank die Kapitalerträge ohne Kapitalertragsteuerabzug ausbezahlt. Haben ledige Per-

sonen nur Kapitaleinkünfte erhöht sich die Grenze zur Veranlagung auf 8.465,-
€ (7.664,- € zuzüglich Sparerfreibetrag von 750,- € und Werbungskosten-
Pauschbetrag von 51,- €).

3.4.4   Studierende als Vermieter

Studierende erfahren während des Studiums häufig zu ihrem Leidwesen, dass die
Studentenbude teuer ist, besonders in Großstädten. Sind sie selbst stolzer Eigentümer eines solchen Objektes und erzielen Mieteinnahmen, müssen sie diese natürlich versteuern.

Bei der Ermittlung der Einkünfte aus Vermietung und Verpachtung können aber
alle im Zusammenhang mit der Vermietung entstehenden Aufwendungen zum
Erwerb, der Sicherung und Erhaltung der Mieteinnahmen als Werbungskosten
berücksichtigt werden – und das kann eine ganze Menge sein.

Werbungskosten sind Abschreibungen auf Gebäude bzw. Gebäudeteile (ohne
Grundstück bzw. Grundstücksanteil), Schuldzinsen, Instandhaltungsaufwendungen und Nebenkosten (Heizung, Reinigung, Müllabfuhr, Wasser, Strom, Gebäudeversicherungen, Grundsteuer und andere Umlagen).

Zur Abschreibung: Der steuerliche Begriff dafür ist „Absetzung für Abnutzung
(AfA)". Sie beträgt 2 % der Anschaffungs- oder Herstellungskosten je Jahr; bei
Fertigstellung des Gebäudes vor dem 31.12.1924 sind es 2,5 % je Jahr.

3.4.5   Studierende als Spekulanten

Es gibt wohl wenige Studierende, die mit dem Pokerspielen so viel Geld verdienen, dass sie davon leben und ihr Studium finanzieren können. Das dürfen sie in
Deutschland aber – legal – nur in Spielbanken. Spielbankgewinne müssen von den
Spielern übrigens nicht versteuert werden. Weil regelmäßig mehr verloren als
gewonnen wird, holt sich der Fiskus seinen Anteil direkt von der Spielbank (bis zu
80 % der Spielbankgewinne). Es gibt aber auch noch andere Spielwiesen und
Spekulationsobjekte, z.B. Börsen und Aktien.

Das Einkommensteuergesetz bestimmt genau, wann Spekulation vorliegt und
wann nicht; besser gesagt, wann Spekulationsgewinne oder Verluste steuerlich
relevant werden. Spekulationsgeschäfte sind Veräußerungen von Privatvermögen
innerhalb eines festgelegten Zeitraums (Spekulationsfrist) zwischen Anschaffung
und Verkauf.

Bei Immobilien beträgt die Spekulationsfrist zehn Jahre (!) und bei anderen Wirtschaftsgütern, insbesondere bei Wertpapieren, ein Jahr.

Gewinne aus Aktienveräußerungen innerhalb der Spekulationsfrist werden aber nur zur Hälfte der Einkommensteuer unterworfen (Halbeinkünfteverfahren). Spekulationsverluste dürfen ausschließlich mit Spekulationsgewinnen (nicht mit anderen Einkünften!) verrechnet werden. Verlustrücktrag (1 Jahr und höchstens 511.500,- €) und unbegrenzte Verlustvorträge sind möglich; sie dürfen aber wiederum nur durch Spekulationsgewinne ausgeglichen werden.

Gewinne bis insgesamt 512,- € im Jahr bleiben steuerfrei; sind sie größer, muss der gesamte Betrag voll versteuert werden.

Spekulationsgeschäfte gehören zu den sonstigen Einkünften. Diese Einkunftsart erfasst zudem auch wiederkehrende Bezüge (Pensionen und Renten), private und betriebliche Altersvorsorgeleistungen, Unterhaltsleistungen vom geschiedenen Ehegatten, Entschädigungen u.a.m. Studierende sind davon aber in den wenigsten Fällen betroffen.

3.5   Sonderausgaben mindern die Einkünfte

Ist die Summe der Einkünfte – nach Abzug der vielen Werbungskosten – immer noch positiv, können Alleinerziehende und über 64 Jahre alte Steuerpflichtige einen Entlastungsbetrag für Alleinerziehende bzw. einen Altersentlastungsbetrag abziehen. Diese beiden Freibeträge sind für Studierende selten relevant, so dass die Summe der Einkünfte auch gleichzeitig den Gesamtbetrag der Einkünfte darstellt. Davon dürfen Sonderausgaben abgezogen werden – und solche kommen für Studenten schon eher in Betracht.

Schade für viele Studierende: Sind keine Einkünfte vorhanden oder nur negative (Verlust), dann können sich Sonderausgaben steuerlich nicht auswirken. Sonderausgaben können nur von einem positiven Gesamtbetrag der Einkünfte abgezogen werden. Auch eine Übertragung auf ein anderes Kalenderjahr ist nicht möglich.

Sonderausgeben stehen im Gegensatz zu den Werbungskosten in keinem direkten Zusammenhang zur Einnahmenerzielung. Es können bestimmte Aufwendungen für die private Lebensführung steuerlich berücksichtigt werden, die auf einer eigenen Verpflichtung des Steuerpflichtigen beruhen und von ihm tatsächlich geleistet werden. Gerade auf Studierende müsste das doch zutreffen? Sie müssen sich Lehrbücher kaufen und zur Hochschule fahren. Alles mit Kosten verbunden, um für's spätere Berufsleben fit zu sein. Was der Fiskus dazu meint, steht in diesem Abschnitt.

Die einzelnen Sonderausgabenarten – nicht alle sind übrigens in voller Höhe abzugsfähig sondern unterliegen Höchstgrenzen – lassen sich grundsätzlich einteilen in:

- Vorsorgeaufwendungen
- andere Sonderausgaben

3.5.1   Vorsorgen schon während des Studiums

Lässt sich bereits während des Studiums steuerlich vergünstigt für das Alter oder Krankheit vorsorgen? Ja, aber sicher: Vorsorgeaufwendungen sind Versicherungsbeiträge für Unfall-, Kranken-, Renten-, Lebens-, Arbeitslosen-, Haftpflicht- oder Pflegeversicherungen.

Reine Sachversicherungen (z.B. Hausrat-, Kaskoversicherungen) und Rechtschutzversicherungen werden <u>nicht</u> als Vorsorgeaufwendungen berücksichtigt.

Vorsorgeaufwendungen werden steuerlich in zwei Gruppen eingeteilt:

- Altersvorsorgeaufwendungen
- Vorsorgeaufwendungen in andere Versicherungen

Altersvorsorgeaufwendungen

Bei Studenten sind Altersvorsorgeaufwendungen i.d.R. ausschließlich Beiträge zur gesetzlichen Rentenversicherung, obwohl auch private Rentenversicherungen begünstigt sind. Die steuerlich berücksichtigungsfähigen Altersvorsorgeaufwendungen werden wie folgt – leider sehr kompliziert – berechnet:

1. Zu den Altersvorsorgeaufwendungen des Arbeitnehmers ist der Arbeitgeberanteil zur gesetzlichen Rentenversicherung des Arbeitnehmers hinzuzurechnen.
2. Steuerlich anerkannt werden nur Altersvorsorgeaufwendungen bis zu 20.000,- €.
3. Davon sind 64 % (im Jahr 2007) zu berücksichtigen. Der Abzugsprozentsatz erhöht sich in den folgenden Kalenderjahren um jeweils um 2 %, bis er ab 2025 100 % beträgt.
4. Von dem sich danach ergebenden Betrag ist der steuerfreie Arbeitgeberanteil abzuziehen. Der Restbetrag kann als Sonderausgaben steuerlich geltend gemacht werden.

Vorsorgeaufwendungen in andere Versicherungen

Für Studierende sind dies in erster Linie Beiträge zur Kranken- und Pflegeversicherung. Aber auch Aufwendungen für Arbeitslosenversicherung, Erwerbs- und Berufsunfähigkeitsversicherung, Unfallversicherung, Haftpflichtversicherung und Risikolebensversicherung sind Vorsorgeaufwendungen in andere Versicherungen. Sie alle können begrenzt – insgesamt bis 2.400,- € im Jahr – als Sonderausgaben abgezogen werden. Der Höchstbetrag beträgt allerdings nur 1.500,- €, wenn für die Krankenversicherung Arbeitgeberbeiträge erbracht werden, was bei Arbeitnehmern regelmäßig der Fall ist.

Beispiel für Vorsorgeaufwendungen eines Studierenden

Arbeitnehmerbeitrag zur Rentenversicherung	800 €
+ Arbeitgeberbeitrag zur Rentenversicherung	800 €
= Rentenversicherungsbeiträge insgesamt	1.600 €
maximal 20.000 €, somit	1.600 €
davon 64 %	1.024 €
− Arbeitgeberbeitrag	− 800 €
= abzugsfähige Altersvorsorgeaufwendungen	224 €
Studentische Kranken- und Pflegeversicherung	688 €
maximal 1.500 €, somit	688 €
= abzugsfähige Vorsorgeaufwendungen in andere Versicherungen	688 €

Die gesamten Vorsorgeaufwendungen betragen 912 €.

Abb. 3.5:   Vorsorgeaufwendungen für Studenten

3.5.2   Keine Vorsorgeaufwendungen: Pauschale gibt's immer

Nur bei Studierenden, die als Arbeitnehmer eine studentische Beschäftigung ausüben, wird für Vorsorgeaufwendungen eine Vorsorgepauschale ermittelt. Sie ist ein gesetzlicher Mindestbetrag für den Abzug der Vorsorgeaufwendungen. Werden keine höheren Vorsorgeaufwendungen nachgewiesen, kann mindestens die Vorsorgepauschale geltend gemacht werden. Basis für die Berechnung der Vorsorgepauschale ist der Jahresarbeitslohn.

Die Vorsorgepauschale setzt sich zusammen aus:

- 14 % des Beitrags (Arbeitslohn • Beitragssatz [2007: 19,9 %]) zur gesetzlichen Rentenversicherung und
- 11 % des Arbeitslohns, höchstens 1.500,- €.

Der Prozentsatz des Beitrags zur gesetzlichen Rentenversicherung (2007: 14 %) erhöht sich jährlich um 2 % und beträgt ab 2025 50 %.

Beispiel für Vorsorgepauschale eines Studierenden

Jahresarbeitslohn: 8.040 €

Beitrag zur gesetzlichen Rentenversicherung (19,9 % von 8.040 € Arbeitslohn)	1.600 €
davon 14 %	224 €
+ 11 % vom Arbeitslohn (11 % von 8.040 € Arbeitslohn)	884 €
maximal 1.500 €, somit	884 €
= Vorsorgepauschale	1.108 €

Abb. 3.6:   Vorsorgepauschale für Studierende

3.5.3　Andere Sonderausgaben gibt's auch

Unter den Aufwendungen, die als andere Sonderausgaben das Einkommen mindern dürfen, hat der Gesetzgeber die verschiedenartigsten Ausgaben des Steuerpflichtigen zusammengefasst. Die für Studierende wesentlichen Sonderausgaben sind:

- Kirchensteuern
- Spenden
- Kosten für ein Studium

Kirchensteuern

Kirchensteuern sind Geldleistungen an eine steuerberechtigte Religionsgemeinschaft (geregelt in den Kirchensteuergesetzen der Bundesländer). Spenden an Kirchen sind keine Kirchensteuern!

Spenden

- Spenden für **gemeinnützige Zwecke** können begrenzt bis zur Höhe von 20 % des Gesamtbetrags der Einkünfte abgezogen werden.

- Mitgliedsbeiträge und Spenden an **politische Parteien** können bis 3.300,- € je Person steuerlich geltend gemacht werden. Spenden bis 1.650,- € werden zur Hälfte – maximal also 825,- € je Person – direkt von der Steuerschuld abgezogen. Als Sonderausgaben sind nur noch die 1.650,- € übersteigenden Beträge, höchstens 1.650,- €, absetzbar.

Kosten für Studium und Berufsausbildung

Aufwendungen für ein Erststudium an Hoch-/Fachhochschulen oder vergleichbaren Bildungseinrichtungen (z.B. Berufsakademien) sind bis zu 4.000,- € im Kalenderjahr als Sonderausgaben abziehbar. Dies gilt unabhängig davon, ob das Studium unmittelbar nach dem Besuch der allgemeinbildenden Schulen, nach einem abgebrochenen Studium ohne Abschluss oder als Berufs begleitendes Studium absolviert wird.

Das Gleiche gilt für Kosten einer erstmaligen Berufsausbildung (berufliche Ausbildung unter Ausschluss eines Studiums). Voraussetzung ist, dass der Beruf durch eine Ausbildung erlernt und diese durch eine Prüfung abgeschlossen wird.

Findet ein Studium oder eine erstmalige Berufsausbildung im Rahmen eines Ausbildungsdienstverhältnisses statt und das Studium oder die Ausbildung ist Bestandteil des Dienstverhältnisses, liegen keine Sonderausgaben, sondern Werbungskosten vor.

Nicht zu den Ausbildungskosten gehören Fortbildungskosten. Werden zwei Studiengänge parallel studiert, die zu unterschiedlichen Zeiten abgeschlossen werden, stellt der Studiengang nach dem ersten Abschluss ein weiteres Studium dar. Auch Ergänzungs- und Aufbaustudien (z.B. Master of Business Administration, Promotion) setzen den Abschluss eines ersten Studiums voraus und stellen daher ein weiteres Studium dar. Die Aufwendungen hierfür sind als Werbungskosten abziehbar.

Aufwendungen für eine nur als Hobby betriebene Tätigkeit (z.B. Kochen) werden nicht als Berufsausbildungskosten anerkannt.

Zu den abziehbaren Aufwendungen bis maximal 4.000,- € gehören alle Kosten, die durch den Besuch von Hochschulen oder von anderen Bildungsmaßnahmen veranlasst sind. Hierunter fallen z.B.

- Lehrgangs- und Seminargebühren,
- Studiengebühren,
- Aufwendungen für Arbeitsmittel,
- Zinsen für ein Ausbildungsdarlehen,
- Kosten einer auswärtigen Unterbringung (bei doppelter Haushaltsführung),
- Aufwendungen für ein häusliches Arbeitszimmer (bei Fernstudium),
- Fahrtkosten zwischen Wohnung und Ausbildungsstätte.

Studenten sollten Zahlungsbelege gut aufbewahren, denn alle Aufwendungen werden grundsätzlich nur in nachgewiesener Höhe anerkannt. Die Kosten für Wege zwischen Wohnung und der regelmäßigen Ausbildungsstätte sind nur mit 0,30 € je Entfernungskilometer abziehbar (Einzelheiten siehe Entfernungspauschale unter Werbungskosten).

Aufwendungen zur Tilgung von Ausbildungs- oder Studiendarlehen gehören nicht zu den abziehbaren Aufwendungen für die Berufsausbildung.

Die Hochschule hat für Studierende gleichsam den Charakter einer Arbeitsstätte und deswegen gelten für die abziehbaren Aufwendungen die gleichen Grundsätze wie für Werbungskosten bei Arbeitnehmern. Zumindest der Steuergesetzgeber ist davon überzeugt, dass Studenten arbeiten. – Natürlich gelten die gleichen Grundsätze auch für alle anderen Ausbildungen und Einzelheiten sind unter „Werbungs-kosten" zu finden.

3.5.4   Der Sonderausgabenpauschbetrag

Werden keine höheren anderen Sonderausgaben nachgewiesen, kann der Steuer-pflichtige den Sonderausgabenpauschbetrag geltend machen. Dies ist ein gesetzli-cher Mindestbetrag für den Abzug der anderen Sonderausgaben, die keine Vor-sorgeaufwendungen sind. Der Sonderausgabenpauschbetrag für andere Sonderausgaben beträgt 36,- € für Ledige.

3.6   Verständnisvoller Fiskus: Außergewöhnliche Belastungen

Das Studium an sich stellt für viele Studierende zwar eine harte Belastung dar, aber steuerlich werden nur außergewöhnliche Belastungen berücksichtigt und vom Gesamtbetrag der Einkünfte nach den Sonderausgaben abgezogen.

Außergewöhnliche Belastungen resultieren überwiegend aus Schadensfällen und Unterstützungsleistungen verschiedenster Art, denen sich der Steuerpflichtige aus rechtlichen, insbesondere aber sittlichen oder moralischen Gründen nicht ent-ziehen kann oder will. Auch Aufwendungen von Körperbehinderten und Hin-terbliebenen sind als außergewöhnlich zu qualifizieren.

Die steuerliche Absetzbarkeit von außergewöhnlichen Belastungen beruht auf der Überlegung, dass Steuerpflichtige, denen zwangsläufig außergewöhnliche und belastende Aufwendungen entstehen, nicht wesentlich schlechter gestellt werden sollen, als andere Steuerpflichtige gleicher Einkommensverhältnisse. Außer An-satz bleibt jedoch bei einer Reihe von Belastungstatbeständen eine **zumutbare Eigenbelastung**, da ein Teil der Belastung dem Steuerpflichtigen zugemutet wer-den kann.

Zwei Gruppen von außergewöhnlichen Belastungen werden unterschieden:

* Allgemeine außergewöhnliche Belastungen
* Spezielle außergewöhnliche Belastungen

Allgemeine außergewöhnliche Belastungen

Kosten für Krankheiten, Pflege, ärztlich verordnete Kuren, Scheidung, Unwetterschäden und Beerdigung stellen für einen Steuerpflichtigen regelmäßig außergewöhnliche Belastungen dar. Leistungen von Versicherungen sind dabei zum Abzug zu bringen.

Da ein Teil der Belastung dem Steuerpflichtigen – entsprechend seiner steuerlichen Leistungsfähigkeit – zugemutet werden kann, ist als außergewöhnliche Belastung nur der Betrag anzusetzen, der nach Abzug der zumutbaren Eigenbelastung übrig bleibt. Diese richtet sich nach der Höhe des Gesamtbetrages der Einkünfte und beträgt für Ledige ohne Kinder:

- 5 % bei einem Gesamtbetrag der Einkünfte bis 15.340,- €
- 6 % bei einem Gesamtbetrag der Einkünfte über 15.340,- € bis 51.130,- €
- 7 % bei einem Gesamtbetrag der Einkünfte über 51.130,- €

Kauft sich ein Studierender mit einem Gesamtbetrag der Einkünfte von 8.000,- € eine 300,- € teurere Brille, um den Vorlesungen besser folgen zu können, und erhält er keine Zuzahlung der Krankenkasse, so bleibt er auf den Kosten sitzen. Seine ihm zumutbare Belastung beträgt nämlich 400,- €.

Spezielle außergewöhnliche Belastungen

Zu dieser Gruppe gehören außergewöhnliche Belastung in besonderen Fällen (z.B. Aufwendungen für die Berufsausbildung und den Unterhalt von Personen) sowie Pauschbeträge für behinderte Menschen, Hinterbliebene und Pflegepersonen. Nur in Ausnahmefällen wird bei den speziellen außergewöhnlichen Belastungen eine zumutbare Eigenbelastung berücksichtigt, d.h. sie sind voll abzugsfähig – allerdings nur bis zu bestimmten Höchstgrenzen.

Pauschbeträge erhalten Körperbehinderte – abhängig vom Behinderungsgrad – sowie Steuerpflichtige, die Hinterbliebenenbezüge erhalten oder eine pflegebedürftige Person betreuen. Aufwendungen für eine Haushaltshilfe und für eine Heim- oder Pflegeunterbringung sind ebenso wie finanzielle Unterstützungen von einer gesetzlich unterhaltsberechtigten Person in ihrer Höhe begrenzt abzugsfähig. Darüber hinaus können Eltern für ein über 18-jähriges Kind, das sich in Ausbildung oder in der Schule befindet einen Freibetrag für den Sonderbedarf bei Berufsausbildung (Ausbildungsfreibetrag) beanspruchen.

Weitere Einzelheiten werden im Kapitel 4 behandelt.

3.7 Endlich: Das zu versteuernde Einkommen des Studierenden

Jetzt ist aber Schluss mit den Abzügen, sonst bekommt das Finanzamt gar nichts mehr. Der Staat benötigt doch Steuereinnahmen. Da die Mehrheit der Studierenden nicht verheiratet ist und auch keine Kinder hat, ist nach Abzug von Sonderausgaben und außergewöhnlichen Belastungen vom Gesamtbetrag der Einkünfte das Einkommen auch gleichzeitig das zu versteuernde Einkommen. Es ist auf einen vollen Euro-Betrag abzurunden und bildet die Bemessungsgrundlage für die Einkommensteuer.

Arbeitslohn	8.000 €	
– Arbeitnehmerpauschbetrag	– 920 €	
= Einkünfte aus nicht selbständiger Arbeit		7.080 €
+ Einkünfte aus Land- und Forstwirtschaft		–
+ Einkünfte aus Gewerbebetrieb		–
+ Einkünfte aus selbständiger Arbeit		–
+ Einkünfte aus Vermietung u. Verpachtung		–
+ Zinseinnahmen	1.740 €	
– Werbungskostenpauschale	– 51 €	
– Sparerfreibetrag	– 750 €	
= Einkünfte aus Kapitalvermögen		+ 939 €
+ Spekulationsgewinne	850 €	
– Spekulationsverluste (Abzug nur bis zur Höhe der Spekulationsgewinne)	– 900 €	
= Sonstige Einkünfte		–
= Summe der Einkünfte und Gesamtbetrag der Einkünfte		8.019 €
– Sonderausgabenpauschalen (19,9 % · 8.000 € · 14 % + 11 % · 8.000 € = 1.103 € + 36 €)		– 1.139 €
– außergewöhnliche Belastungen		–
= Einkommen und zu versteuerndes Einkommen		**6.880 €**

Abb. 3.7:   Beispiel für die Ermittlung des zu versteuernden Einkommens eines Studenten

Für Eltern von Studierenden ergibt sich erst nach Abzug der Kinderfreibeträge – unter bestimmte Voraussetzungen – vom Einkommen das zu versteuernde Einkommen. Studenten mit eigenen Kindern lesen am besten das Kapitel 4.

Obenstehendes Beispiel soll die Ermittlung des zu versteuernden Einkommens von Studierenden im Gesamtzusammenhang verdeutlichen. Als Abzugsbeträge sind nur die steuerlichen Mindestbeträge (Pauschbeträge) berücksichtigt.

4 Was Eltern von Studierenden versteuern müssen

Eltern sind verheiratet, können dabei zusammen oder getrennt leben, sind geschieden oder haben erst gar nicht geheiratet. All diesen Lebensformen wird steuerlich in unterschiedlicher Weise Rechnung getragen.

In diesem Kapitel wird grundsätzlich nur der „steuerliche Regelfall" bei Eltern, die Zusammenveranlagung von Ehegatten, unterstellt. Zusammenveranlagung heißt: Das gesamte Einkommen kommt in einen Topf und wird – unabhängig davon, von welchem Ehegatten es stammt – als ein gemeinsames Einkommen besteuert. Diese Form der Ehegattenbesteuerung nennt sich auch Splittingverfahren, denn die Einkommensteuer wird nach dem sog. Splittingtarif berechnet.

Wünschen Ehepaare nicht ausdrücklich, d.h. auf Antrag, die getrennte Veranlagung – sie werden dann praktisch wie zwei ledige Steuerzahler behandelt –, geht das Finanzamt immer von einer Zusammenveranlagung aus. Von einzelnen Ausnahmen abgesehen, führt die Zusammenveranlagung von Ehegatten auch immer zu einer günstigeren Besteuerung als die getrennte Veranlagung. In den Genuss des Splittingverfahrens und einer regelmäßig damit verbundenen steuerlichen

Entlastung kommen aber nur Ehegatten, die standesamtlich geheiratet haben und nicht dauernd getrennt leben.

4.1   Das zu versteuernde Einkommen im Überblick

Eltern von Studierenden werden steuerlich nach den gleichen Grundsätzen besteuert wie alle anderen Eltern auch. Sie sind steuerpflichtige Bürger und ihr Einkommen, das sie innerhalb eines Jahres erzielen, unterliegt nach § 1 des Einkommensteuergesetzes der **Einkommensteuer**. Anknüpfungspunkt für die Einkommensteuer ist das zu versteuernde Einkommen. Um diese Größe zu erreichen, sind in mehreren Schritten Einnahmen den Ausgaben gegenüberzustellen. Den Gesamtzusammenhang zeigt vereinfacht das Schema in Abb. 3.1 auf Seite 33:

Einkünfte sind immer das Ergebnis aus der Gegenüberstellung von Einnahmen und Ausgaben. Das Ergebnis kann sowohl positiv als auch negativ sein.

Je nach Einkunftsart werden Einnahmen auch als Betriebseinnahmen und Ausgaben als Betriebsausgaben oder sogar als Werbungskosten bezeichnet. Spielt keine wesentliche Rolle: Betriebsausgaben oder Werbungskosten reduzieren in gleicher Weise die Einnahmen und damit auch die Steuerzahlungen.

Die Einkünfte – ob positiv oder negativ – werden alle zusammengerechnet und ergeben die Summe der Einkünfte.

Alles was nach der Summe der Einkünfte kommt, sind Abzugsbeträge, die vorhandene positive Einkünfte weiter vermindern. Nur das, was am Ende übrig bleibt, ist zu versteuern.

Ergibt sich als Summe der Einkünfte Null oder gar ein Verlust, dann kann nichts mehr abgezogen werden. Ein Verlust kann aber, bis maximal 511.500,- €, mit den positiven Einkünften des vorangegangenen Jahres verrechnet werden (Verlustrücktrag). Die restlichen Verluste werden solange mit zukünftigen positiven Einkünften verrechnet, bis sie ausgeglichen sind (Verlustvortrag). Zu beachten ist, dass Verluste nur bis 1.000.000,- € mit positiven Einkünften vollständig verrechnet werden können. Darüber hinausgehende Verluste dürfen positive Einkünfte jährlich nur bis zu 60 % mindern.

4.2 Die verschiedenen Einkunftsarten

Wie bereits in Kapitel 3.2 vorgestellt: Nach § 2 des Einkommensteuergesetzes unterliegen sieben Arten von Einkünften der Besteuerung.

(1) Einkünfte aus Land- und Forstwirtschaft
(2) Einkünfte aus Gewerbebetrieb
(3) Einkünfte aus selbständiger Arbeit
(4) Einkünfte aus nichtselbständiger Arbeit
(5) Einkünfte aus Kapitalvermögen
(6) Einkünfte aus Vermietung und Verpachtung
(7) sonstige Einkünfte

Die ersten drei Einkunftsarten – Einkünfte aus Land- und Forstwirtschaft, Einkünfte aus Gewerbebetrieb und Einkünfte aus selbständiger Arbeit – sind Gewinneinkunftsarten. Die Einkünfte werden durch Gegenüberstellung von Betriebseinnahmen und Betriebsausgaben ermittelt. Das Ergebnis kann sowohl positiv (Gewinn) als auch negativ (Verlust) sein.

Die restlichen Einkunftsarten – Einkünfte aus nichtselbständiger Arbeit, Einkünfte aus Kapitalvermögen, Einkünfte aus Vermietung und Verpachtung und sonstige Einkünfte – gehören zu den Überschusseinkunftsarten. Einkünfte sind die Einnahmen abzüglich der Werbungskosten. Auch hier können sich negative Beträge ergeben, so dass es sich bei diesen Einkünften um Überschüsse der Einnahmen über die Werbungskosten oder Verluste handelt.

Achtung: Betriebsausgaben und Werbungskosten beziehen sich immer auf die entsprechende Einkunftsart. Nur Kinderbetreuungskosten bei Berufstätigen, 2/3 der Aufwendungen, höchstens 4.000,- € je Kind (siehe Werbungskosten) sind entweder bei den Einkünften aus nichtselbstständiger Arbeit oder Land- und Forstwirtschaft oder Gewerbebetrieb oder selbstständiger Arbeit abziehbar.

Zu beachten ist auch, dass Überschusseinkünfte, die definitionsgemäß Einkünfte aus

• Kapitalvermögen,
• aus Vermietung und Verpachtung oder
• sonstige Einkünfte

sind, den Gewinneinkunftsarten zugerechnet werden, wenn ihre Entstehungsursache dort liegt.

Alle anderen Einkünfte werden nicht besteuert – aber was bleibt da noch? Lottogewinne und Gewinne bei anderen Wettspielen, Spielbankgewinne und Veräußerungsgewinne im Privatvermögen unter bestimmten Voraussetzungen; letztere aber voraussichtlich nicht mehr lange. Da international unüblich, sind sie ab 2009 auch in Deutschland steuerpflichtig.

4.3   Arbeitnehmereinkünfte

Arbeitnehmer sind Personen, die in öffentlichem oder privatem Dienst angestellt oder beschäftigt sind oder waren und die aus diesem Dienstverhältnis oder einem früheren Dienstverhältnis Arbeitslohn beziehen. Die Einkünfte aus nichtselbständiger Arbeit sind die Einnahmen des Arbeitnehmers aus seiner Tätigkeit abzüglich seiner Werbungskosten. Das Ergebnis kann sowohl positiv als auch negativ sein: Ein Überschuss der Einnahmen über die Werbungskosten oder ein Verlust.

Einnahmen sind alle einem Steuerpflichtigen aus einer Arbeitnehmertätigkeit im Kalenderjahr zugeflossenen Geld- und Sachleistungen.

Werbungskosten sind alle im Zusammenhang mit der Tätigkeit entstehenden Aufwendungen zum Erwerb, der Sicherung und Erhaltung der Einnahmen.

4.3.1   Einnahmen

Einnahmen sind alle dem Arbeitnehmer im privaten oder öffentlichen Dienst aus einer jetzigen oder früheren Arbeitnehmertätigkeit im Kalenderjahr zugeflossenen Geld- und Sachleistungen. Es ist unerheblich, unter welcher Bezeichnung oder in welcher Form die Einnahmen gewährt werden. Arbeitslohn ist die Gegenleistung für das zur Verfügung stellen der individuellen Arbeitskraft.

Im Regelfall ist dies das in Geld bezahlte Bruttojahresentgelt, bestehend aus regelmäßig (z.b. monatlich) und unregelmäßig erfolgten Zahlungen (Gehälter, Löhne, Gratifikationen, Tantiemen, Urlaubsgelder, Prämien etc.). Aber auch vom Arbeitgeber erhaltene Sach- und Dienstleistungen (z.B. Firmenwagen bei Führungskräften) gehören zu den Einnahmen des Arbeitnehmers. Für Zwecke der Besteuerung ist bei Leistungen, die nicht in Geld bestehen, ein sog. geldwerter Vorteil für den Arbeitnehmer zu ermitteln.

Zu den Einnahmen gehören auch Bezüge und Vorteile aus früheren Dienstleistungen, insbesondere Versorgungsbezüge im Alter. Beamtenpensionen sowie Betriebsrenten zählen steuerlich zu den nachträglichen Einkünften aus nichtselbstständiger Arbeit. Nicht dazu gehören Leibrenten aus Versicherungen (z.B. der gesetzlichen Rentenversicherung). Sie unterliegen nur zum Teil der Besteuerung und werden unter den sonstigen Einkünften erfasst.

Steuerpflichtiger Arbeitslohn in vollem Umfang sind zudem einmalige Abfindungszahlungen bei einer vom Arbeitgeber veranlassten Aufhebung des Arbeitsverhältnisses. Sie können aber als außerordentliche Einkünfte auf 5 Jahre verteilt werden, was aufgrund des progressiven Einkommensteuertarifs vielfach zu einer günstigeren Besteuerung führt.

Bestimmte, insbesondere kleinere, Geld- oder Sachleistungen (Annehmlichkeiten) an Arbeitnehmer führen aber erst ab einer bestimmten Höhe oder gar nicht zu steuerpflichtigen Einnahmen.

4.3.2 Steuerfreie Einnahmen

Leistungen des Arbeitgebers an seine Arbeitnehmer gelten nicht als Arbeitslohn, wenn sie im überwiegend betrieblichen Interesse erbracht werden, z.B. im Rahmen eines Betriebsfestes, oder nur Aufmerksamkeiten sind. Solche Zuwendungen sind steuerfreie Einnahmen des Arbeitnehmers. Zum einen wird folglich wegen des fehlenden Entlohnungscharakters, zum anderen aber auch aus Erhebungs- oder Billigkeitsgründen auf deren Besteuerung verzichtet.

Neben den Vorschriften des Einkommensteuergesetzes enthalten auch die Anweisungen der Finanzverwaltung in den Lohn- und Einkommensteuerrichtlinien eine Vielzahl von Regelungen über steuerfreie Einnahmen; die wichtigsten sind bereits in Kapitel 3, S. 35ff., erläutert worden. Sie gelten auch für Eltern. An dieser Stelle sollen deswegen lediglich weitere steuerfreie Einnahmen genannt werden, die besonders für Eltern relevant sind bzw. bereits in Kapitel 3 vorgestellte steuerfreie Einnahmen aus dem Blickwinkel der Eltern unter die Lupe genommen werden:

Arbeitsförderungsleistungen

Leistungen nach dem Arbeitsförderungsgesetz, wie das Schlechtwettergeld, das Konkursausfallgeld, das Arbeitslosen- und Kurzarbeitergeld.

Berufskleidung

Nur die Überlassung von typischer Berufskleidung (Berufskittel jeglicher Art, Uniformen, Amtstrachten, Sportbekleidungen, Schutzkleidungen) ist steuerfrei.

Betriebsveranstaltungen

Zuwendungen im Rahmen von höchstens zwei Betriebsveranstaltungen im Jahr (Weihnachtsfeier, Betriebsausflug etc.), wenn der Arbeitgeber diese Aufwendungen im eigenbetrieblichen Interesse erbringt. Dies wird immer dann angenommen, wenn die Zuwendungen (alle Aufwendungen des Arbeitgebers) bei einer Betriebsveranstaltung insgesamt nicht mehr als 110,- € je Arbeitnehmer betragen. Wird der Höchstbetrag auch nur geringfügig überschritten, so liegt in vollem Umfang steuerpflichtiger Arbeitslohn vor.

Diensteinführung

Übliche Sachleistungen im Rahmen von Diensteinführung, Verabschiedung, Jubiläum etc.; insgesamt bis 110,- € je Arbeitnehmer. Wird dieser Betrag überschritten, ist der gesamte Aufwand für den Arbeitnehmer steuerpflichtiger Arbeitslohn.

Firmenwagen

Der Vorteil aus der Überlassung eines auch privat nutzbaren Firmenfahrzeuges durch den Arbeitgeber, wenn er größer ist als die dafür vorgesehene Steuerzahlung, ist steuerfrei.

Der Arbeitnehmer hat den geldwerten Vorteil für die Privatnutzung zu versteuern. Er kann diese Privatnutzung entweder sehr detailliert durch Belege und Führen eines Fahrtenbuches oder einfacher nach der so genannten 1 %-Regelung ermitteln. Letztere Methode ist in der Praxis sehr häufig anzutreffen. Der monatliche geldwerte Vorteil beträgt 1 % des Bruttolistenpreises und 0,03 % vom Listenpreis multipliziert mit den Entfernungskilometern der Fahrten zwischen Wohnung und Arbeitsstätte.

Beispiel:

- Bruttolistenpreis zum Zeitpunkt der Erstzulassung: 40.000,- €
  40.000,- € · 1 % = 400,- €/Monat · 12 Monate = 4.800,- €/Jahr
- Entfernung zwischen Wohnung und Arbeit: 20 km
  40.000,- € · 0,03 % x 20 km = 250,- €/Monat · 12 Monate = 2.880,- €/Jahr

Der zu versteuernder geldwerter Vorteil beträgt = 7.680,- €/Jahr

Beträgt im Beispiel der Steuersatz des Mitarbeiters 40 %, dann resultiert daraus eine Steuerzahlung in Höhe von 3.072,- € je Jahr bzw. 256,- € je Monat. Im Regelfall dürfte dies günstiger sein als der Kauf und die Nutzung eines Privatfahrzeuges. Nur bei sehr geringer Privatnutzung wird ein Mitarbeiter einen Firmenwagen ablehnen.

Verlangen Firmen eine Nutzergebühr, so verringert sich der geldwerte Vorteil natürlich um den Betrag, den der Mitarbeiter zu zahlen hat.

Heimarbeiterzuschlag

Lohnzuschläge, die den Heimarbeitern zur Abgeltung der mit Heimarbeit verbundenen Aufwendungen neben dem Grundlohn gezahlt werden, sind steuerfrei, soweit sie 10 % des Grundlohns nicht übersteigen.

Kinderbetreuung

Es handelt sich um kostenlose Leistungen für Unterbringung, Betreuung und Verpflegung von noch nicht schulpflichtigen Mitarbeiterkindern in Kindergärten oder ähnlichen Einrichtungen des Arbeitgebers.

Kundenbindungsprogramme

Soweit Sachzuwendungen im Rahmen von Kundenbindungsprogrammen (z.B. „Miles and More" von Fluggesellschaften) vom Arbeitgeber dem Arbeitnehmer zur privaten Verwendung überlassen werden, sind sie bis maximal 1.080,- €/Jahr steuerfrei.

Vollkommen steuerfrei bleiben solche Zuwendungen, wenn der Prämienanbieter eine Pauschalsteuer in Höhe von 2,25 % an das Finanzamt abführt.

Preisnachlässe

Preisnachlässe für Waren oder Dienstleistungen des Arbeitgebers bis zu 4 % und zusätzlich bis 1.080,- €/Jahr.

Bei Arbeitnehmern innerhalb eines Konzerns gibt es den Rabattfreibetrag nur für die Vorteile, die vom Arbeitgeber selbst, also von demjenigen Konzernunternehmen eingeräumt werden, mit dem das Dienstverhältnis besteht.

Beispiel:

Bruttolistenpreis eines Autos:	50.000,- €
Belegschaftsrabatt (20 %):	10.000,- €
Preisabschlag (4 % von 50.000,- €):	– 2.000,- €
Rabattfreibetrag:	– 1.080,- €

Der zu versteuernde geldwerte Vorteil beträgt 6.920,- €.

Sachbezüge

Sachbezüge vom Arbeitgeber, die 44,- € monatlich nicht übersteigen, sind steuerfrei. Wird die Freigrenze in einem Kalendermonat überschritten, ist der geldwerte Vorteil insgesamt zu versteuern. Eine Übertragung auf andere Kalendermonate ist nicht möglich.

Die monatliche Freigrenze von 44,- € gilt nicht nur für Waren, sondern auch für Warengutscheine, wenn sie keine Wertangabe über die abzugebende Warenmenge enthalten (z.B. 40 Liter Benzin, nicht zulässig: Benzin bis 44,- €).

Die monatliche Freigrenze von 44,- € gilt nicht bei Gewährung von Belegschaftsrabatten (siehe Preisnachlass) und für Sachbezüge, für die ein amtlicher Sachbezugswert festgesetzt ist.

Die amtlichen Sachbezugswerte sind für die Besteuerung der Sachbezüge maßgebend, wenn Kost und Logis unentgeltlich oder verbilligt gewährt werden.

Für **Mahlzeiten** im Betrieb, die unentgeltlich oder verbilligt an Arbeitnehmer abgegeben werden, betragen die Sachbezugswerte – ohne Rücksicht auf den tatsächlichen Wert der Mahlzeit – in 2007 für ein Mittag- oder Abendessen 2,67 € und für ein Frühstück 1,50 €.

Die Überlassung eines Wohnraums bei Mitbenutzung von Bad, Toilette und Küche ist eine **Unterkunft**. Dafür ist in 2007 nur der Sachbezugswert von monatlich 198.- € in den alten und 192,- € in den neuen Bundesländern anzusetzen.

Wird dem Arbeitnehmer eine vollständige **Wohnung** (selbständiger Haushalt) unentgeltlich überlassen, ist für die Bewertung der Wohnung die ortsübliche Miete und für Nebenkosten der übliche Preis am Abgabeort anzusetzen.

Werkzeuggeld

Werkzeuggeld als Entschädigung für die betriebliche Nutzung von Werkzeugen, die dem Arbeitnehmer gehören, ist steuerfrei. Unter den Begriff Werkzeuggeld fallen nur die Aufwendungen des Arbeitnehmers für handwerkliches Arbeitsgerät. Hierzu gehören <u>nicht</u> Musikinstrumente, PC oder ähnliche Geräte.

Zinsersparnisse

Begünstigt sind Zinsersparnisse bei Arbeitgeberdarlehen bis 2.600,- € (Gesamtdarlehen oder Resttilgungsbetrag). Eine Zinsersparnis liegt vor, wenn der Zinssatz unter 5 % liegt.

Zuschläge für besondere Arbeitszeiten

Zuschläge auf den Grundlohn für Nachtarbeit (20–6 Uhr) bis zu 25 % bzw. von 0 bis 4 Uhr bis zu 40 %, für Sonntagsarbeit bis zu 50 % und Feiertagsarbeit bis zu 125 % sind steuerfrei; an den Weihnachtsfeiertagen und am 1. Mai sind dies sogar bis zu 150 %.

Die Zuschläge sind nur dann steuerfrei, wenn sie sich auf einen Grundlohn von höchstens 50,- € pro Stunde beziehen, d.h. bei höheren Grundlöhnen werden nur Zuschläge auf 50,- € je Stunde begünstigt.

4.3.3   Werbungskosten reduzieren die Einnahmen

Alle im Zusammenhang mit der Tätigkeit entstehenden Aufwendungen zum Erwerb, der Sicherung und Erhaltung der Einnahmen dürfen als Werbungskosten angesetzt werden und vermindern somit die Einnahmen. Werbungskosten aus nichtselbständiger Arbeit sind entweder in nachgewiesener Höhe oder mit Pauschbeträgen abzugsfähig. Erstattungsbeiträge des Arbeitgebers (z.B. Dienstreisekosten) kürzen natürlich den Werbungskostenabzug.

Achtung

Berufsbedingte Kosten, die nicht eindeutig von Aufwendungen für die private Lebensführung abzugrenzen sind (z.B. Kleidung), sind nach § 12 EStG grundsätzlich keine Werbungskosten.

Nachfolgende detaillierte Ausführungen zu Werbungskosten bei Einkünften aus nichtselbständiger Arbeit können weder abschließend noch verbindlich sein. Ordnung muss sein: ein Überblick.

Werbungskosten im Überblick

- Arbeitsmittel
- Arbeitszimmer
- Beiträge zu Berufsverbänden
- Berufskraftfahrer
- Bewerbungskosten
- Bewirtungskosten
- Darlehen und Bürgschaften
- Dienstreisen
- Doppelte Haushaltsführung
- Einsatzwechseltätigkeit
- Fahrten zwischen Wohnung und Arbeitsstätte (Pendlerpauschale)
- Fehlgelder
- Fernsprechgebühren und Internetnutzung
- Fortbildungskosten
- Führerscheinkosten
- Geschenke
- Kontoführungsgebühren
- Kinderbetreuungskosten
- Krankheitskosten
- Prozesskosten
- Schadensersatzleistungen
- Schmiergelder
- Steuerberatungskosten
- Umzugskosten
- Unfallkosten
- Versicherungsbeiträge

In Kapitel 3 wurden die für Studierende relevanten Werbungskosten bereits vorgestellt. Sie können selbstverständlich auch von den Eltern in Anspruch genommen werden. An dieser Stelle sollen neben den bereits in Kapitel 3 vorgestellten Werbungskosten weitere – für Eltern relevante – genauer betrachtet werden.

Arbeitsmittel

Zu den Arbeitsmitteln gehören Gegenstände, die der Arbeitnehmer zur Ausübung seiner Tätigkeit einsetzt und die ihm vom Arbeitgeber nicht gestellt werden. Die Aufwendungen des Arbeitnehmers für Arbeitsmittel sind dann Werbungskosten.

Interessant: Auch bei arbeitslosen Arbeitnehmern werden Aufwendungen für Arbeitsmittel als – vorab entstandene – Werbungskosten anerkannt.

Bei Gegenständen, die auch im Rahmen der privaten Lebensführung Verwendung finden können, z.b. Musikinstrumente und Werkzeuge, hängt die Anerkennung als Arbeitsmittel grundsätzlich davon ab, ob sie fast ausschließlich beruflichen Zwecken dienen. Ihre Privatnutzung darf nur von ganz untergeordneter Bedeutung sein; nach der Rechtsprechung werden zwischen 10 und 15 % noch als unschädlich angesehen. Für die Anerkennung durch die Finanzverwaltung sind zudem grundsätzlich Belege als Nachweis erforderlich.

Für Arbeitsmittel, deren Anschaffungskosten ohne Umsatzsteuer mehr als 410,- € betragen (einschließlich 19 % Umsatzsteuer: 487,90 €) und deren Nutzungsdauer mehr als ein Jahr beträgt, dürfen jedes Jahr nur anteilige Abschreibungen als Werbungskosten angesetzt werden.

Analog werden dabei die für Wirtschaftsgüter in Betrieben geltenden Abnutzungszeiträume herangezogen. Die Abschreibungsdauer ergibt sich hier aus AfA-Tabellen (AfA = Absetzung für Abnutzung), welche die Finanzverwaltung in regelmäßigen Abständen den tatsächlichen Gegebenheiten anpasst und veröffentlicht. Die in diesen Tabellen für die einzelnen Anlagegüter angegebene betriebsgewöhnliche Nutzungsdauer beruht auf Erfahrungen der steuerlichen Betriebsprüfung.

Der Übersicht in Abbildung 4.1 sind die zurzeit maßgebenden Abschreibungszeiträume für ausgewählte Arbeitsmittel zu entnehmen.

Für das Jahr der Anschaffung des Arbeitsmittels vermindert sich der Absetzungsbetrag um jeweils $^1/_{12}$ für jeden vollen Monat, der dem Monat der Anschaffung vorangeht (z.B. Kauf am 30.9.; Absetzungsbetrag ist $^4/_{12}$ der Jahresabschreibung).

Als Aufwendungen sind nicht nur die Anschaffungskosten von Arbeitsmitteln, sondern auch deren Erhaltungskosten, z.B. Reinigung, Reparaturen, zu berücksichtigen.

Im Einzelnen können folgende Gegenstände Arbeitsmittel sein:

1. **Aktentasche** oder **Aktenkoffer** u.ä., wenn sie beruflich genutzt werden.

2. **Arbeitskleidung**, die typischerweise nur bei der Berufsausübung getragen wird. Hierzu gehören Arbeitsschutzkleidung und andere Kleidungsstücke, die nahezu ausschließlich für die berufliche Verwendung bestimmt und notwendig sind: Berufskittel jeglicher Art, Uniformen, Arbeitsstiefel, Amtstrachten, Sportbekleidungen und Schutzkleidungen, Künstlerkleidung von Artisten.

   Handelt es sich um Kleidung, die auch privat getragen werden kann, muss eine ausschließlich berufliche Nutzung gegeben sein (z.B. Anzug des Oberkellners, Orchestermusikers und Leichenbestatters, schwarzer Rock einer Serviererin, weiße Oberbekleidung von Friseuren; nicht dagegen: Anzug des Bankangestellten, Trachtenanzug eines Hotelgeschäftsführers, weiße Bluse einer Serviererin, Lodenmantel eines Försters).

Neben den Anschaffungskosten der Arbeitskleidung können auch Wasch- und Reinigungskosten als Werbungskosten Berücksichtigung finden; bei eigener Wäsche dürften ca. 1,50 € je Waschgang (einschließlich Trocknen) angemessen sein. Wird normale Straßenkleidung bei der Arbeit beschädigt, so sind die Wiederherstellungsaufwendungen ebenfalls Werbungskosten.

Arbeitsmittel	Abschreibungszeitraum in Jahren
Aktenvernichter	8
Auto/Pkw	6
Autotelefon/Handy	5
Bohrhämmer	7
Bohrmaschinen (mobil)	8
Büromöbel	13
Büromaschinen	8
Fax-Geräte	6
Foto-, Film-, Video- und Audiogeräte	7
Fotokopierer	7
Heizgeräte (mobil)	9
Klimageräte (mobil)	11
Kommunikationsendgeräte	8
Panzerschränke	23
Personalcomputer, Notebooks und Peripheriegeräte	3
Teppiche (hochwertig)	15
Überwachungs-/Alarmanlagen	11
Ventilatoren	14

Abb. 4.1:   Abschreibungszeiträume von ausgewählten Arbeitsmitteln

Hinweis

Bei Arbeitnehmern in Berufen, die ohne Arbeitskleidung üblicherweise nicht ausgeübt werden (Maler, Schlosser, Zimmerleute u.ä.), können die Finanzämter Aufwendungen bis ca. 100,- € auch ohne Belege anerkennen. Es besteht aber kein Rechtsanspruch.

3. **Bücherregal**, das ausschließlich für Fachliteratur benutzt wird, auch dann, wenn es sich nicht in einem häuslichen Arbeitszimmer befindet.

4. **Büromaterial**, wie z.B. Schreibpapier, Stifte, Aktenordner.

5. **Computer** und dafür verwendungsfähige Software, wenn eine private Nutzung aufgrund der Eigenheiten nahezu ausgeschlossen ist. Ein relativ hoher Anschaffungspreis oder ein zusätzlich vorhandener Computer für private Korrespondenz und Spiele können Indizien für eine rein berufliche Nutzung sein.

   Ist eine private Mitbenutzung nicht nur von untergeordneter Bedeutung (unter 10 % der Gesamtnutzung), handelt es sich grundsätzlich um kein Arbeitsmittel. Der Arbeitnehmer kann jedoch durch Aufzeichnungen den zeitlichen Umfang der beruflichen Nutzung nachweisen und den entsprechenden Teil der Anschaffungskosten des Computers als Werbungskosten geltend machen. Liegen entsprechende Aufzeichnungen nicht vor, steht aber aufgrund der Tätigkeit des Arbeitnehmers die berufliche Nutzung zweifelsfrei fest, kann diese pauschal in Höhe von 35 % bis 50 % der Gesamtkosten angesetzt werden.

   Als Nutzungs- und Abschreibungsdauer wird von der Finanzverwaltung ein Zeitraum von drei Jahren angenommen. Peripherie-Geräte von PCs (Bildschirm, Drucker) sind in der Regel nicht selbstständig nutzungsfähig und somit nicht gesondert als Werbungskosten abziehbar; die Aufwendungen hierfür erhöhen den Wert der Computeranlage.

6. **Fachbücher** und **-zeitschriften**, die sich, aufgrund ihres ausschließlich fachlichen Inhalts, auf das Arbeitsgebiet des Arbeitnehmers beziehen. Dagegen spricht auch nicht die Nutzung durch eine interessierte breitere Leserschaft.

   Steuerlich anerkannt wurden auch Aufwendungen für:

   - Duden bei Deutsch-Lehrer
   - Encyclopedia Britannica bei Englisch-Lehrer
   - Grzimeks Tierleben bei Biologie-Lehrerin
   - Brechts Werke bei Deutsch-Lehrerin
   - Weltatlas des Tierlebens bei Biologie-Lehrerin.

   Sehr uneinheitlich ist die Rechtsprechung bei der Anerkennung des „Handelsblattes".

Handelt es sich um allgemeinbildende Literatur (z.B. Lexika, allgemeine Zeitschriften und Zeitungen), so ist ein Werbungskostenabzug, aufgrund der kaum möglichen Abgrenzung zwischen privater und beruflicher Nutzung, ganz ausgeschlossen.

Steuerlich **nicht** anerkannt wurden die Aufwendungen in folgenden Fällen:

- Der Große Brockhaus
- Tageszeitungen
- Der Spiegel
- Die Zeit
- Impulse
- Management-Wissen
- Manager-Magazin
- Wirtschaftswoche
- Test
- Capital
- Effecten-Spiegel
- GEO

Ausnahmsweise kann in solchen Fällen abzugsfähige Fachliteratur vorliegen, wenn jeweils ein zweites Exemplar für Privatnutzung vorhanden ist.

7. **Fernseh-, Video-** und **Hifi–Geräte, CD–Player** müssen ausschließlich beruflich genutzt werden (z.B. Journalisten, Musiker). Dafür spricht, wenn Zweitgeräte für den Privatbereich vorhanden sind.

8. **Musikinstrumente** und **Noten** sind bei Berufsmusikern Arbeitsmittel, bei Musiklehrern ist die Rechtsprechung nicht einheitlich.

9. **Private Kraftfahrzeuge**, die fast nur beruflich genutzt werden (z.B. Kundendienstberater, Vertreter). Fahrtenbuch ist erforderlich.

10. **Schreibtisch**, der beruflich genutzt wird, auch dann, wenn sich dieser nicht in einem häuslichen Arbeitszimmer befindet.

11. **Sportgeräte** eines Lehrers (Trainers) werden bei ausschließlich oder fast ausschließlich beruflicher Nutzung als Werbungskosten anerkannt.

12. **Sportkleidung**, z.B. Fußballschuhe, Trainingsanzüge, Turnschuhe sind bei einem Profi-Sportler Werbungskosten, bei einem Sportlehrer nur dann, wenn die Sportkleidungsstücke ausschließlich für den Sportunterricht angeschafft wurden und tatsächlich auch nur dort genutzt werden.

13. **Ton-** und **Bildträger**, wie CD, Videokassetten u.ä. können Arbeitsmittel sein, wenn sie dieselben Voraussetzungen wie Fachbücher und -zeitschriften erfüllen.

14. **Werkzeuge**, wie Bohrmaschinen, Motorsägen u.ä., falls der Arbeitgeber kein oder ein nicht ausreichendes Werkzeuggeld zahlt.

Arbeitszimmer

Werbungskosten in unbegrenzter Höhe für ein häusliches Arbeitszimmer können Arbeitnehmer nur dann geltend machen, wenn dieses den **Mittelpunkt ihrer gesamten beruflichen Betätigung** bildet. Da sie an keinem anderen Ort dauerhaft tätig sein dürfen, erfüllen die Voraussetzungen dafür nur Arbeitnehmer, die ausschließlich zu Hause arbeiten (Heimarbeiter).

Andere Arbeitnehmer können die Kosten für ein Arbeitszimmer auch dann nicht steuerlich geltend machen, wenn dessen ausschließliche berufliche Nutzung unstreitig feststeht.

Hinweis

Vor dieser Beschränkung durch das Steueränderungsgesetz 2007 konnten ausnahmsweise zwei Berufsgruppen Werbungskosten begrenzt auf 1.250,- € berücksichtigt werden, wenn

* deren berufliche Nutzung des Arbeitszimmers mehr als 50 % der gesamten Arbeitstätigkeit betrug oder
* ihnen für ihre berufliche Tätigkeit kein anderer Arbeitsplatz zur Verfügung gestellt wurde.

Insbesondere Lehrer, deren Arbeitsmittelpunkt zwar die Schule ist, Lehrer- oder Klassenzimmer aber keinen ausreichenden Arbeitsplatz darstellen oder Außendienstmitarbeiter im Handels- oder Versicherungsgewerbe werden wohl vom Bundesverfassungsgericht überprüfen lassen, ob diese Beschränkung des Abzugs beruflich veranlasster Aufwendungen für das häusliche Arbeitszimmer rechtens ist.

Ein Arbeitszimmer muss eine eigenständige Wohneinheit sein, die durch Türen von anderen Räumen getrennt ist. Daraus erfolgt, dass eine private Mitbenutzung, abgesehen von einem ganz untergeordneten Umfang, stets die Anerkennung als Arbeitszimmer ausschließt. Dies dürfte bei nachfolgend angeführten Tatbeständen auch stets der Fall sein:

* Das Arbeitszimmer befindet sich in einer Einzimmerwohnung oder ist Teilbereich eines anderen, privaten Zimmers.

- Die Größe des Arbeitszimmers steht in einem Missverhältnis zur restlichen Wohnungsgröße dahingehend, dass der private Wohnbereich den normalen Wohnbedürfnissen nicht mehr genügt; was bei über 20 % Anteil an der Gesamtwohnfläche zu prüfen wäre.
- Das Arbeitszimmer dient als Durchgangszimmer zum Erreichen von anderen Räumen, außer es wird nur gelegentlich durchquert, um z.b. ein Fremdenzimmer zu erreichen.
- Ihrer Eigenheit nach privat nutzbare Möbel oder luxuriöse Gegenstände (z.b. teuere Gemälde, Klubsessel, Weinregale, Sammlungen, Musikanlage) weisen auf eine private Mitbenutzung hin.

Als Werbungskosten können anteilige Miete, Wohneigentumskosten, Nebenkosten, sowie Ausstattungskosten abgezogen werden. Dies sind bei einer Mietwohnung anteilige Kosten für Miete, Heizung, Reinigung, Instandhaltung, Strom, Hausratsversicherung und andere Umlagen des Vermieters.

Bei einem eigenen Haus wird die Miete ersetzt durch die anteilige Gebäudeabschreibung. Dazu können noch Schuldzinsen und zusätzliche Nebenkosten, wie Wassergeld, Müllabfuhr, Grundsteuer oder Gebäudeversicherungen kommen.

Zu den Ausstattungskosten zählen alle Einrichtungsgegenstände, wie Gardinen, Teppichböden und Möbel, soweit sie nicht privat genutzt werden und der Funktion eines Arbeitszimmers gerecht werden. Nicht zu den Ausstattungskosten gehören Arbeitsmittel (z.b. Bücherregal, Schreibtisch), auch wenn sich diese im Arbeitszimmer befinden. Sie sind als Arbeitsmittel eigenständige Werbungskosten.

Beiträge zu Berufsverbänden

Beiträge und Zuwendungen an Gewerkschaften und Verbände von Berufsständen (z.B. Ingenieure, Beamte), sind als Werbungskosten abzugsfähig.

Beiträge an Verbände, die allgemeinpolitische Zwecke verfolgen, sowie an Sport- oder Freizeitvereine sind keine Werbungskosten, da in der Regel kein Zusammenhang zu den Einkünften aus nichtselbständiger Arbeit besteht.

Berufskraftfahrer

Zu den Berufskraftfahrern (Fahrtätigkeit als Beruf) zählen Arbeitnehmer, deren Arbeitsplatz ein Fahrzeug ist, z.B. Kraftfahrer und Beifahrer, Taxifahrer, Omnibusfahrer, Lokführer, Bahnschaffner und anderes Fahrpersonal. Eine Tätigkeit außerhalb des Fahrzeugs von durchschnittlich weniger als 20 % der gesamten Arbeitszeit ist dabei unschädlich.

Übt der Arbeitnehmer eine Fahrtätigkeit aus, stehen ihm unter bestimmten Voraussetzungen Verpflegungsmehraufwendungen und Übernachtungskosten als abziehbare Werbungskosten zu. **Verpflegungsmehraufwendungen** werden nur mit Pauschbeträgen berücksichtigt. Höhere Verpflegungsmehraufwendungen werden auch dann nicht anerkannt, wenn die tatsächlich entstandenen Kosten einzeln nachgewiesen werden. Die Pauschalen differenzieren zwischen In- und Ausland und der täglichen Abwesenheitszeit.

Pauschalen für täglichen Verpflegungsmehraufwand

Abwesenheit	Inland	Ausland*
≥ 24 Stunden	24 €	18 – 72 €
14 – 24 Stunden	12 €	12 – 48 €
8 – 14 Stunden	6 €	6 – 24 €

Bei einer Abwesenheit von weniger als 8 Stunden erhält der Arbeitnehmer keine Pauschbeträge.

* Die Beträge werden jährlich vom Bundesfinanzministerium für jedes Land bzw. große Städte ermittelt und veröffentlicht, z. B. im Jahr 2007 für USA 36 €, Tokio 72 € je Tag..

Abb. 4.2: Pauschalen für täglichen Verpflegungsmehraufwand

Als **Übernachtungskosten** werden grundsätzlich nur die nachgewiesenen, tatsächlichen Aufwendungen anerkannt. In Ausnahmefällen können sie geschätzt werden, wenn ihre Entstehung nachgewiesen werden kann, aber Kostenbelege dafür nicht vorhanden sind. Aufwendungen (z.B. kleine Geschenke) für kostenlose Übernachtungen bei Freunden oder Bekannten zählen nicht zu den Übernachtungskosten, da diese auch aus privaten Gründen gemacht werden.

Werden auf einer Rechnung Übernachtungs- und Frühstückskosten nicht getrennt ausgewiesen, wird der Gesamtbetrag im Inland um 4,50 € und im Ausland um 20 % gekürzt.

Übernachtet der Arbeitnehmer im Ausland im Hotel oder einer ähnlichen Einrichtung gelten ausnahmsweise auch Pauschbeträge, wobei zwischen einzelnen Ländern sehr deutlich differenziert wird. Sie liegen zwischen 36,- € und 190,- €, für die meisten Länder zwischen 80,- € und 120,- €. So beträgt beispielsweise die Pauschale für das Jahr 2007 für die USA täglich 110 € und für Japan 90,- €. Diese

Beträge werden – in der Regel – jährlich vom Bundesfinanzministerium für jedes Land und einig große Städte ermittelt und veröffentlicht.

Bewerbungskosten

Bewerbungskosten sind Aufwendungen, die beim Versuch einen erstmaligen, anderen oder zusätzlichen Arbeitsplatz zu erwerben entstehen. Dies gilt auch für Wahlkampfkosten zur Erlangung eines hauptberuflichen Amtes oder Aufwendungen eines Arbeitnehmers, um in den Aufsichtsrat einer Aktiengesellschaft gewählt zu werden.

Bei der Arbeitsplatzsuche können Kosten für Stelleninserate, Porti, Telefon, Fotokopien der Bewerbungsunterlagen oder Reisekosten (siehe Dienstreisen) zum Vorstellungsgespräch anfallen.

Sind Bewerbungen in einem Kalenderjahr erfolglos und stehen den Bewerbungskosten keine Einnahmen aus nichtselbständiger Arbeit gegenüber, führt dies zu negativen Einkünften. Diese können als Verluste mit früheren oder späteren positiven Einkünften verrechnet werden (Verlustrück- oder Verlustvortrag).

Bewirtungskosten

Aufwendungen, die einem Arbeitnehmer zur Bewirtung von Geschäftsfreunden (Kunden) seines Arbeitgebers entstehen, sind bei ihm Werbungskosten.

Bewirtungskosten für Arbeitskollegen sind keine Werbungskosten. Arbeitnehmer mit erfolgsabhängigen variablen Bezügen (z.B. leitende Angestellte), deren Gehalt in erheblichem Umfang vom Erfolg ihrer Mitarbeiter abhängig ist, können jedoch Bewirtungsaufwendungen, die nicht der Repräsentation sondern den Bemühungen der Mitarbeiter gelten, als Werbungskosten absetzen.

Im Inland werden nur maschinell erstellte Rechnungen, auf denen alle Speisen und Getränke sowie Trinkgeld angeführt sind, als Belege anerkannt. Zudem ist der Abzug von Bewirtungskosten ist auf 70 % der „angemessenen Aufwendungen" begrenzt.

Darlehen und Bürgschaften

Kann der Arbeitgeber ein Arbeitnehmerdarlehen (z.B. aufgrund einer Insolvenz) nicht mehr zurückzahlen, so kann der Arbeitnehmer den Darlehensverlust als Werbungskosten geltend machen, wenn er das Risiko des Darlehensverlustes – eine Bank hätte das Darlehen nicht gewährt – aus beruflichen Gründen bewusst in Kauf genommen hat, um seinen gefährdeten Arbeitsplatz zu sichern. Unter den gleichen Voraussetzungen gilt dies für eine Bürgschaftsübernahme; Leistungen aus dieser Verpflichtung sind ebenfalls Werbungskosten.

Dienstreisen

Jede dienstlich veranlasste Reise, die nicht länger als drei Monate dauert und bei der ein Arbeitnehmer außerhalb seiner regelmäßigen Arbeitsstätte und auch seiner Wohnung beruflich tätig wird, erfüllt die Voraussetzung einer Dienstreise. Der Arbeitnehmer muss aber voraussichtlich an die regelmäßige Arbeitsstätte zurückkehren und dort seine berufliche Tätigkeit fortsetzen.

Keine Dienstreise liegt vor, wenn

- die auswärtige Tätigkeitsstätte vom ersten Tag an regelmäßige Arbeitsstätte geworden ist. Dies ist der Fall bei einer Versetzung oder wenn ein Steuerpflichtiger innerhalb eines vorbestimmten Zeitraumes planmäßig nacheinander an verschiedenen Orten tätig sein wird und nicht mehr an seinen Ursprungsarbeitsplatz zurückkehrt (z.b. Ausbildung, Trainee-Programm, Lehramtsanwärter).
- der Arbeitnehmer mehrere Arbeitsstätten seines Arbeitgebers, z.B. Filialen, oder eine auswärtige Tätigkeitsstätte zu Aus- oder Fortbildungszwecken – neben seinem Arbeitsplatz – dauerhaft und regelmäßig aufsucht.
- die Drei-Monatsfrist überschritten wird. Nach dem 3. Monat ist jede Dienstreise an derselben auswärtigen Tätigkeitsstätte beendet. Unterbricht jedoch ein Arbeitnehmer seine Tätigkeit am selben Ort aus betrieblichen Gründen (nicht durch Urlaub oder Krankheit) mindestens vier Wochen, dann beginnt die Frist neu zu laufen.

Liegt dem Grunde nach eine Dienstreise vor, kommen als abzugsfähige Kosten in Betracht:

1. Fahrtkosten,
2. Mehraufwendungen für Verpflegung,
3. Übernachtungs- und
4. sonstige Nebenkosten

1. Fahrtkosten für Hin- und Rückfahrt und Zwischenheimfahrten

Einzelnachweis: Die Kosten (z.B. Bahn-, Flugkarte, Taxi) sind in voller Höhe absetzbar; die Wahl des Verkehrsmittels ist dem Arbeitnehmer grundsätzlich freigestellt.

Bei Benutzung eines eigenen Kraftfahrzeuges kann ein Kostensatz für den gefahrenen Kilometer ermittelt werden. Er setzt sich zusammen aus den laufenden Kosten (z.B. Benzinrechnungen, Garagenkosten, Inspektionen, Steuern, Versicherungen), den von Fall zu Fall auftretenden, nicht vorhersehbaren Kosten (z.B. Unfälle) und der Jahresabschreibung. Die Nutzungs- und damit Abschreibungsdauer von Kraftfahrzeugen beträgt regelmäßig sechs Jahre. Die Finanzverwaltung geht grundsätzlich davon aus und kann von sich aus keine längere Nutzungsdauer festlegen. Der Steuerpflichtige kann allerdings sowohl eine kürzere als auch eine längere Nutzungsdauer, bei sehr hoher oder niedriger Fahrleistung, geltend machen.

Pauschalen: Anstelle des Einzelnachweises kann der Arbeitnehmer Pauschalbeträge ansetzen, wodurch alle Kosten – außer Parkgebühren und außergewöhnliche Kosten (z.B. wegen eines Unfalles) – abgegolten sind.

Kilometerpauschalen für Fahrtkosten auf Dienstreisen

Kraftwagen	0,30 €
Motorrad	0,13 €
Moped, Mofa	0,08 €
Fahrrad	0,05 €

Die Pauschalen gelten für den **gefahrenen** Kilometer.

Je zusätzlich mitbeförderte Person erhöhen sich die Pauschbeträge um 0,02 € beim Kraftwagen und 0,01 € beim Motorrad.

Abb. 4.3: Kilometerpauschalen für Dienstreisen

2. Mehraufwendungen für Verpflegung

Verpflegungsmehraufwendungen werden nur mit Pauschalbeträgen berücksichtigt. Höhere Verpflegungsmehraufwendungen werden auch dann nicht anerkannt, wenn die tatsächlich entstandenen Kosten einzeln nachgewiesen werden.

Pauschalen für täglichen Verpflegungsmehraufwand

Abwesenheit	Inland	Ausland*
≥ 24 Stunden	24 €	18 – 72 €
14 – 24 Stunden	12 €	12 – 48 €
8 – 14 Stunden	6 €	6 – 24 €

Bei einer Abwesenheit von weniger als 8 Stunden erhält der Arbeitnehmer keine Pauschbeträge.

---

* Die Beträge werden jährlich vom Bundesfinanzministerium für jedes Land bzw. große Städte ermittelt und veröffentlicht, z. B. im Jahr 2007 für USA 36 €, Tokio 72 € je Tag..

Abb. 4.4:   Pauschalen für täglichen Verpflegungsmehraufwand

3. Übernachtungskosten

Einzelnachweis: Grundsätzlich werden nur die nachgewiesenen, tatsächlichen Aufwendungen anerkannt. In Ausnahmefällen können sie geschätzt werden, wenn ihre Entstehung nachgewiesen werden kann, aber Kostenbelege dafür nicht vorhanden sind. Aufwendungen (z.B. kleine Geschenke) für kostenlose Übernachtungen bei Freunden oder Bekannten zählen nicht zu den Übernachtungskosten, da diese auch aus privaten Gründen gemacht werden.

Werden auf einer Rechnung Übernachtungs- und Frühstückskosten nicht getrennt ausgewiesen, wird der Gesamtbetrag im Inland um 4,50 € und im Ausland um 20 % gekürzt.

Pauschalen: Im Inland werden Pauschbeträge nicht anerkannt. Für das Ausland gelten ausnahmsweise Pauschbeträge, wobei zwischen einzelnen Ländern sehr deutlich differenziert wird.

Übernachtet der Arbeitnehmer im Ausland im Hotel oder einer ähnlichen Einrichtung gelten ausnahmsweise auch Pauschbeträge, wobei zwischen einzelnen Ländern sehr deutlich differenziert wird. Sie liegen zwischen 36,- € und 190,- €, für die meisten Länder zwischen 80,- € und 120,- €. So beträgt beispielsweise die Pauschale für das Jahr 2007 für die USA täglich 110 € und für Japan 90,- €. Diese Beträge werden – in der Regel – jährlich vom Bundesfinanzministerium für jedes Land und einig große Städte ermittelt und veröffentlicht.

4. Sonstige Nebenkosten

Zu den Nebenkosten gehören alle nachgewiesenen Ausgaben für Taxi, Gepäck-
aufbewahrung, Telefon, Parkplatz, kleine Geschenke oder auch Trinkgelder. Auch
der Gegenwert von Wertgegenständen (nicht Geld), die aus beruflichen Gründen
mit geführt und auf einer Dienstreise gestohlen werden, führt ebenfalls zu einem
Werbungskostenabzug.

Doppelte Haushaltsführung

Doppelte Haushaltsführung kann für einen Arbeitnehmer in Betracht kommen,
wenn er aus beruflichen Gründen neben seiner weiterhin bestehenden ersten Wohnung aufgrund der großen Entfernung eine zweite, seiner Arbeitsstätte näher liegende, Wohnung unterhält.

Unabdingbare Voraussetzungen dafür sind

- die berufliche Veranlassung und
- die Unterhaltung eines zweiten eigenen Hausstandes.

Eine **berufliche Veranlassung** ist immer dann gegeben, wenn der Arbeitnehmer
eine berufliche Tätigkeit aufnimmt, innerhalb seiner Firma versetzt wird oder
seine Arbeitsstelle wechselt. Dazu gehört auch die Einrichtung einer zweiten
Wohnung in der Nähe des Arbeitsplatzes, wenn dadurch Fahrzeit und Fahrtkosten
in erheblichem Umfang eingespart werden.

Ein **eigener Hausstand** erfordert eine den Lebensbedürfnissen des Arbeitnehmers
entsprechende Wohnung, die er als Haus-, Wohnungseigentümer oder Mieter zu
nutzen berechtigt ist. In dieser Wohnung muss der Arbeitnehmer einen Haushalt
unterhalten, das heißt, er muss die Haushaltsführung bestimmen oder wesentlich
mitbestimmen.

Die Wohnung bzw. der Wohnort muss außerdem der **Mittelpunkt der Lebensinteressen** des Arbeitnehmers sein, zu dem enge persönliche Beziehungen bestehen
(z.B. Eltern, Verlobte, Freundes- und Bekanntenkreis, Vereinszugehörigkeiten und
anderen Aktivitäten). Der Lebensmittelpunkt kann sich im Inland oder im Ausland
befinden.

Bei einem verheirateten Arbeitnehmer ist dies die Wohnung am Wohnort seiner
Familie, wenn er sie mindestens **sechsmal im Jahr** aufsucht. Bei anderen Arbeitnehmern ist vom Lebensmittelpunkt nur dann auszugehen, wenn diese Wohnung
im Durchschnitt mindestens **zweimal monatlich** aufgesucht wird.

Bei größerer Entfernung zwischen dieser Wohnung und der Zweitwohnung, insbesondere bei einer Wohnung im Ausland, ist erforderlich, dass in der Wohnung

auch bei Abwesenheit des Arbeitnehmers hauswirtschaftliches Leben herrscht, an dem sich der Arbeitnehmer sowohl persönliche als auch finanziell maßgeblich beteiligt. Dann reicht bei Arbeitnehmern **eine Heimfahrt im Kalenderjahr** aus, um diese als Lebensmittelpunkt anzuerkennen. Bei einer Wohnung in weit entfernt liegenden Ländern (z.b. Australien) genügt eine Heimfahrt innerhalb von zwei Jahren.

Eine doppelte Haushaltsführung ist zeitlich nicht begrenzt. Bei einer im Ausland begründeten beruflich veranlassten doppelten Haushaltsführung kommt ein Werbungskostenabzug aber dann nicht in Betracht, wenn der im Ausland erzielte Arbeitslohn nach einem Doppelbesteuerungsabkommen im Inland steuerfrei bleibt. Das Besteuerungsrecht geht regelmäßig nach 183 Tagen Aufenthalt auf das Gastland über.

Liegen die Voraussetzungen für eine doppelte Haushaltsführung vor, kommen als abzugsfähige Aufwendungen in Betracht:

* Fahrtkosten,
* Mehraufwendungen für Verpflegung und
* Kosten für die Unterkunft am Beschäftigungsort.

1. Fahrtkosten bei Aufnahme und Beendigung der Beschäftigung

Für Fahrtkosten bei Aufnahme und Beendigung der Beschäftigung gelten die gleichen Grundsätze wie bei Dienstreisen. Die nachgewiesenen Kosten für das gewählte Verkehrsmittel sind in voller Höhe absetzbar. Bei Benutzung eines eigenen Kraftfahrzeuges kann ein Kostensatz für den gefahrenen Kilometer ermittelt werden. Anstelle des Einzelnachweises kann der Arbeitnehmer auch Kilometerpauschalen ansetzen (Einzelheiten siehe Dienstreisen).

2. Familienheimfahrten

Der Steuerpflichtige kann nur eine, tatsächlich durchgeführte, wöchentliche Familienheimfahrt oder anstelle dessen einen Besuch von seinem Ehegatten, Lebenspartner und den minderjährigen Kindern geltend machen.

Bei Benutzung eines eigenen Fahrzeuges für Familienheimfahrten kann der Arbeitnehmer die Enfernungspauschale (wie für Fahrten zwischen Wohnung und Arbeitsstätte, aber ab dem ersten Kilometer) mit 0,30 € je Entfernungskilometer ansetzen. Sind die nachgewiesenen Kosten (z.B. Bahnkarte, Flugkarte, Taxi) höher als die Entfernungspauschale, können die darüber hinausgehenden Aufwendungen zusätzlich als Werbungskosten abgezogen werden.

Für nicht durchgeführte Familienheimfahrten werden dem Steuerpflichtigen Kosten für Telefongespräche mit einer Gesamtdauer von 15 Minuten pro Woche und einem günstigen Tarif anerkannt.

Anstelle von wöchentlichen Familienheimfahrten kann der Steuerpflichtige auch wöchentlich mehrere **tatsächlich durchgeführte Fahrten** zwischen dem weiter entfernten Wohnsitz und seiner Arbeitsstätte geltend machen und die Enfernungspauschale für Fahrten zwischen Wohnung und Arbeitsstätte nutzen. Ein Ansatz von Mehraufwendungen wegen Übernachtung und Verpflegung ist dann aber nicht mehr möglich!

3. Mehraufwendungen für Verpflegung

Der Ansatz von Verpflegungsmehraufwendungen ist nur für eine Übergangszeit von drei Monaten möglich. Verpflegungsmehraufwendungen werden nur mit Pauschalbeträgen berücksichtigt. Höhere Verpflegungsmehraufwendungen werden auch dann nicht anerkannt, wenn die tatsächlich entstandenen Kosten einzeln nachgewiesen werden (Pauschalen siehe Dienstreisen).

4. Unterkunft am Beschäftigungsort

Einzelnachweis: Grundsätzlich werden nur die nachgewiesenen, tatsächlichen Aufwendungen anerkannt (z.B. Hotelrechnung, Miete, Kosten für eigenes Haus oder Eigentumswohnung). Falls diese Kosten unangemessen hoch sind (z.B. Übernachtung in einem Luxushotel), können sie von der Finanzverwaltung gekürzt werden, da sie regelmäßig auch privat mit veranlasst sind. Aufwendungen (z.B. kleine Geschenke) für kostenlose Übernachtungen bei Freunden oder Bekannten zählen nicht zu den Übernachtungskosten, da diese auch aus privaten Gründen gemacht werden.

Werden auf einer Rechnung Übernachtungs- und Frühstückskosten nicht getrennt ausgewiesen, wird der Gesamtbetrag im Inland um 4,50 € und im Ausland um 20 % gekürzt.

Pauschalen: Im Inland werden Pauschbeträge nicht anerkannt. Für das Ausland gelten ausnahmsweise Pauschbeträge, wobei zwischen einzelnen Ländern sehr deutlich differenziert wird. Sie liegen zwischen 36,- € und 190,- €, für die meisten Länder zwischen 80,- € und 120,- €. So beträgt beispielsweise die Pauschale für das Jahr 2007 für die USA täglich 110 € und für Japan 90,- €. Diese Beträge werden – in der Regel – jährlich vom Bundesfinanzministerium für jedes Land und einig große Städte ermittelt und veröffentlicht.

Einsatzwechseltätigkeit

Sind Arbeitnehmer **typischerweise** (z.B. Außendienstmitarbeiter wie Kundendienstmonteure oder Vertreter, Bau- und Montagearbeiter) nur an ständig wechselnden, unvorhersehbaren Stellen tätig, so ist der jeweilige Ort ihrer Tätigkeit auch ihre regelmäßige Arbeitsstätte.

Der Sachverhalt einer Einsatzwechseltätigkeit ist **nicht** gegeben, wenn ein Steuerpflichtiger innerhalb eines vorbestimmten Zeitraumes planmäßig an verschiedenen Orten tätig sein wird (z.b. Ausbildungszeit, Traineeprogramme, Lehramtsanwärter).

Ob eine ständig wechselnde Einsatzstelle vorliegt, richtet sich folglich nicht nach der Zahl der Einsatzstellen, sondern nach dem Berufsbild des Arbeitnehmers. Sind für einen Arbeitnehmer diese Voraussetzungen erfüllt, hat er folgende steuerliche Abzugsmöglichkeiten:

- Fahrtkosten
- Mehraufwendungen für Verpflegung
- Übernachtungskosten

1. Fahrtkosten

Bei Arbeitnehmern mit Übernachtung am auswärtigen Tätigkeitsort können alle Fahrtkosten (Wege zwischen Wohnung und dem Tätigkeitsort sowie zwischen auswärtiger Unterkunft und Tätigkeitsstätte) wie bei Dienstreisen in tatsächlicher Höhe oder mit pauschalen Kilometersätzen – bei Benutzung des eigenen Kraftfahrzeugs für jeden gefahrenen Kilometer 0,30 € – als Werbungskosten abgezogen werden.

Bei Arbeitnehmern mit täglicher Rückkehr zur Wohnung ist die sog. 30 km-Grenze zu beachten.

Liegt die jeweilige Einsatzstelle nicht mehr als 30 km von der Wohnung des Arbeitnehmers entfernt (Nahzone), kann der Arbeitnehmer, bei Benutzung eines eigenen Verkehrsmittels, nur die Enfernungspauschale für Fahrten zwischen Wohnung und Arbeitsstätte (siehe dort) nutzen.

Beträgt die Entfernung zwischen der Wohnung des Arbeitnehmers und seiner Arbeitsstätte mehr als 30 Kilometer (Fernzone), so kann er für seine Fahrten von der Wohnung zu dieser Arbeitsstätte Fahrtkosten in tatsächlicher Höhe oder Pauschbeträge – bei Benutzung des eigenen Kraftfahrzeugs für jeden gefahrenen Kilometer 0,30 € – geltend machen.

2. Verpflegungsmehraufwendungen

Verpflegungsmehraufwendungen werden zeitlich unbegrenzt nur mit Pauschalbeträgen berücksichtigt. Die Pauschalen betragen – bei inländischen Beschäftigungsorten – für jeden ganzen Kalendertag 24,- €. Ist die Dauer der Abwesenheit je Kalendertag vom Ort der Wohnung geringer, werden nur 12,- € (Abwesenheitsdauer mindestens 14 Stunden) oder 6,- € (Abwesenheitsdauer mindestens 8 Stunden) berücksichtigt. Bei einer Abwesenheit von weniger als 8 Stunden erhält der Arbeitnehmer keine Pauschbeträge.

3. Übernachtungskosten

Als Unterkunftskosten können grundsätzlich nur die nachgewiesenen, tatsächlichen Aufwendungen als Werbungskosten zeitlich unbegrenzt abgezogen werden.

Fahrten zwischen Wohnung und Arbeitsstätte (Pendlerpauschale)

Entfernungspauschale: Für jeden Arbeitstag, an dem der Arbeitnehmer die Arbeitsstätte aufsucht, werden Fahrtkosten – unabhängig vom benutzten Verkehrsmittel – für jeden vollen Entfernungskilometer pauschal mit 0,30 € als Werbungskosten berücksichtigt. Bei dieser Entfernungspauschale (auch Pendlerpauschale genannt) werden aber die ersten 20 Entfernungskilometer nicht mitgerechnet.

Beispiel

Die Entfernung zwischen Wohnung und Arbeitsstätte beträgt 50 km und die Anzahl der Arbeitstage 230.
(50 km – 20 km) · 0,30 €/km = 9,- € je Arbeitstag · 230 Arbeitstage = 2.070,- €/Jahr

Durch die Entfernungspauschale sind alle Aufwendungen – auch außergewöhnliche im Zusammenhang mit einem Unfall – für Fahrten zwischen Wohnung und Arbeitsstätte abgegolten. Nicht nur die Wahl des Verkehrsmittels (öffentliche Verkehrsmittel, Auto, Motorrad, Moped-, Mofa-, Fahrrad etc.) ist dem Arbeitnehmer freigestellt, auch als Fußgänger kann er die Entfernungspauschale in Anspruch nehmen.

Die Entfernungspauschale berücksichtigt nur eine Fahrt von der Wohnung zur Arbeitsstätte (Hinfahrt) und eine Fahrt von der Arbeitsstätte zur Wohnung (Rückfahrt). Aufwendungen für Mehrfachfahrten sind auch dann nicht absetzbar, wenn die Arbeitsstätte außerhalb der normalen Dienstzeit aufgesucht werden muss.

Wohnung: Die Wohnung eines Arbeitnehmers kann jede Art von Unterkunft sein. Bei mehr als einer Wohnung des Steuerpflichtigen ist diejenige relevant, in der er sich regelmäßig aufhält und von der aus er die Fahrten zur Arbeitsstätte durchführt; unabhängig davon, wie weit sie von der Arbeitsstätte entfernt ist. Benutzt jemand mehrere Wohnungen abwechselnd, so können Fahrten zwischen zwei Wohnungen und der Arbeitsstätte nebeneinander in Betracht kommen. Voraussetzung dafür ist, dass der Mittelpunkt seiner Lebensinteressen (z.b. Familie, Haus oder Eigentumswohnung, Freundeskreis, Mitgliedschaft in Vereinen, Mitarbeit im Betrieb seiner Eltern) sich in der weiter von der Arbeitsstätte entfernten Wohnung befindet.

Arbeitsstätte: Arbeitsstätte ist der regelmäßige und dauerhaft aufgesuchte Beschäftigungsort des Arbeitnehmers, an dem er seine Arbeit zu erbringen hat. Es genügt, wenn der Arbeitnehmer regelmäßig in der Woche mindestens 20 % seiner Arbeitszeit oder durchschnittlich im Jahr an einem Arbeitstag je Woche im Betrieb beschäftigt ist.

Entfernung zwischen Wohnung und Arbeitsstätte: Für die Ermittlung der Entfernung zwischen Wohnung und Arbeitsstätte ist die kürzeste Straßenverbindung maßgebend. Nur wenn regelmäßig eine längere, aber verkehrsgünstigere Strecke benutzt wird, ist diese für die Entfernungsberechnung relevant. Umwegstrecken dürfen nicht berücksichtigt werden. Die Berechnung der Entfernung erfolgt für jeden Arbeitnehmer individuell. Ob er den Weg von der Wohnung zur Arbeitsstätte und zurück alleine oder im Rahmen einer Fahrgemeinschaft, deren Mitglieder sich wechselseitig abholen, zurücklegt, spielt keine Rolle. Arbeitnehmer mit mehreren Arbeitsstätten, können die Entfernung für die Fahrt zur jeweiligen Arbeitsstätte gesondert berechnen, wenn sie von der jeweiligen Arbeitsstätte wieder in ihre Wohnung zurückkehren.

Begrenzung der Entfernungspauschale: Die Entfernungspauschale ist grundsätzlich auf einen Höchstbetrag von 4.500,- € je Jahr begrenzt. Bei 230 Arbeitstagen ist dieser Betrag bei ca. 85 Entfernungskilometern erreicht.

Beispiel

Die Entfernung zwischen Wohnung und Arbeitsstätte beträgt 85 km und die Anzahl der Arbeitstage 230.

(85 km–20 km) · 0,30 €/km = 19,50 € je Arbeitstag · 230 Arbeitstage
= 4.485,- €/Jahr

Aufwendungen über 4.500,- € können nur geltend gemacht werden, wenn für Fahrten zwischen Wohnung und Arbeitsstätte ein Kraftwagen benutzt wird. Die konkrete Fahrleistung ist zu belegen (Kilometerstände, Inspektionsrechnungen). Ein eigener Kraftwagen ist gegeben, wenn der Benutzer die laufenden Kosten dafür trägt, d.h. er muss nicht Eigentümer sein.

So wird die Entfernungspauschale bei Fahrgemeinschaften für Arbeitstage, an denen der Arbeitnehmer mit seinem eigenen Pkw fährt, nicht auf den Höchstbetrag von 4.500,- € begrenzt. Nur an den Tagen, an denen er mitgenommen wird, greift dieser Höchstbetrag.

Beispiel

Die Entfernung zwischen Wohnung und Arbeitsstätte beträgt 120 km, die Anzahl der Selbstfahrten 80 und der Mitnahmefahrten 170.

(120 km–20 km) · 0,30 €/km = 30,- € je Arbeitstag · 80 Selbstfahrten
= 2.400,- €/Jahr
+ (120 km–20 km) · 0,30 €/km = 30,- € je Arbeitstag · 170 Mitnahmefahrten
= 5.100,- €/Jahr , begrenzt auf 4.500,- €/Jahr
Die Entfernungspauschale beträgt 6.900,- € im Jahr.

Sonderfälle: Die Entfernungspauschale gilt nicht für Flugstrecken (tatsächliche Aufwendungen sind immer nachzuweisen) und Strecken mit kostenloser Sammelbeförderung.

Zudem kommt die Entfernungspauschale auch nicht zu Anwendung bei Körperbehinderten mit einem Behinderungsgrad von mindestens 70 % (oder mindestens 50 % mit zusätzlich starker Gehbehinderung), wenn sie ein eigenes Kraftfahrzeug benutzen. Sie können für die Tage, an denen sie ausschließlich selbst mit dem eigenen Pkw fahren, die tatsächlichen Kosten oder anstelle des Einzelnachweises die Reisekostenpauschalen (0,60 € je Entfernungskilometer) vom ersten Kilometer an ansetzen (siehe Dienstreisen).

Die Entfernungspauschale wird gemindert, wenn der Arbeitnehmer steuerfreie Sachbezüge (z.B. Benzingutscheine) für Fahrten zwischen Wohnung und Arbeitsstätte vom Arbeitgeber erhält.

Anmerkung

Die Wege zwischen Wohnung und Arbeitsstätte werden ab 2007 nach dem Werkstorprinzip nicht mehr der Arbeits- bzw. Berufssphäre zugerechnet. Aufwendungen für die Wege zur Arbeitsstätte sind demzufolge keine Werbungskosten. Lediglich Arbeitnehmer mit längeren Wegstrecken – sog. Fernpendler – können ihre Fahrtkosten wie Werbungskosten (nicht mehr als Werbungskosten) steuerlich geltend machen. Diese Einschränkung des Werbungskostenabzugs ist verfassungsrechtlich umstritten.

Fehlgelder

Im Kassen- oder Zähldienst beschäftigte Arbeitnehmer müssen in bestimmten Fällen, entsprechend den arbeitsvertraglichen Vereinbarungen, fehlende Beträge selber ausgleichen. Diese Manko- oder Fehlgelder finden als Werbungskosten Berücksichtigung, wenn sie einzeln durch Belege nachgewiesen werden.

Fernsprechgebühren und Internetnutzung

Damit Dienstgespräche mit dem Privattelefon oder berufliche Internetnutzung als Werbungskosten abgezogen werden können, sind genaue Aufzeichnungen über einen längeren Zeitraum (mindestens 3 Monate) erforderlich. Je größer der Anteil dieser beruflich notwendigen Telekommunikationsleistungen ist, umso genauere Unterlagen müssen darüber Auskunft geben (z.B. Telekomrechnung mit Verbindungsübersicht).

Steuerpflichtige, die auf die berufliche Nutzung von Telekommunikationsleistungen angewiesen sind und denen erfahrungsgemäß beruflich veranlasste Telekommunikationsaufwendungen erwachsen, z.b. Reise-, Versicherungs- oder Handelsvertreter und Kundendienstarbeiter, können ohne Einzelnachweis als Werbungskosten 20 % der Gesprächsgebühren absetzen, höchstens jedoch 20,- € monatlich. Gleiches gilt für Internetaufwendungen.

Fortbildungskosten

Unter Fortbildungskosten fallen alle Aufwendungen für berufsbezogene Bildungsmaßnahmen, soweit sie in einem hinreichend konkreten und objektiv feststellbaren Zusammenhang mit – auch späteren – Einnahmen stehen. Zu unterscheiden sind:

1. Die Fortbildungsmaßnahme ermöglicht dem Arbeitnehmer die weitere Ausübung seines Berufes. Dazu gehören Besuche von Fachveranstaltungen und -lehrgängen, -kongressen und auch Studienreisen, wenn der Inhalt fast ausschließlich von fachlichen Themen bestimmt wird. Dies gilt insbesondere für Sprachkurse in einem Mitgliedstaat der EU.

2. Umschulungsmaßnahmen sind notwendige Basis für andere Berufsfelder oder bereiten einen Berufswechsel vor.

3. Fortbildung schafft für den Arbeitnehmer erst die Voraussetzungen einer Höherqualifizierung (z.B. Aufbaustudium, Habilitation, Steuerberaterprüfung, Meisterprüfung, Wirtschaftsprüferexamen, Fachlehrgänge).

In all diesen Fällen sind die Aufwendungen als Fortbildungskosten zu qualifizieren. Absetzbar als Werbungskosten sind neben den Lehrgangsgebühren und Teilnehmerunterlagen auch Fahrt-, Übernachtungs- und Verpflegungsmehraufwendungen wie bei Dienstreisen.

Aufwendungen des Steuerpflichtigen für seine erstmalige Berufsausbildung und für ein Erststudium, wenn diese nicht im Rahmen eines Dienstverhältnisses stattfinden, sind vom Werbungskostenabzug ausgeschlossen. Sie sind beschränkt abzugsfähige Sonderausgaben.

Führerscheinkosten

Führerscheinkosten sind grundsätzlich nicht abzugsfähige Kosten der privaten Lebensführung, auch wenn dadurch (z.B. Vertreter) die Berufsausübung erleichtert wird. Der Grund ist darin zu sehen, dass durch den Erwerb des Führerscheins auch im rein beruflichen Interesse dessen private Nutzung dennoch nicht ausgeschlossen werden kann.

Die Aufwendungen für den Erwerb eines Führerscheins sind ausnahmsweise Werbungskosten, wenn der Führerschein unabdingbare Voraussetzung für die Berufsausübung ist. Diese Voraussetzungen erfüllen in der Regel nur Busfahrer, Lastkraftwagenfahrer, Taxifahrer und Linienflugzeugpiloten.

Geschenke

Aufwendungen für Geschenke können Werbungskosten sein, wenn sie betrieblich veranlasst sind. Folglich können nur Geschenke an betriebsfremde Personen, etwa zur Anbahnung von Geschäftsbeziehungen, Berücksichtigung finden. Der Werbungskostenabzug ist auf Gegenstände im Gesamtwert von 35,- € je beschenkte Person und Jahr begrenzt.

Geschenke anlässlich persönlicher Feiern und Geschenke an Arbeitskollegen sind Repräsentationsaufwendungen und deshalb nicht abzugsfähig. Unter Repräsentationsaufwendungen versteht man Kosten der Lebensführung, die durch die wirtschaftliche oder gesellschaftliche Stellung veranlasst sind.

Kinderbetreuungskosten

Aufwendungen für Kindergarten, Kinderkrippen oder Tagesmutter sind häufig erforderlicherforderlich, weil der Alleinerziehende oder beide Ehegatten erwerbstätig sind. Unter diesen Voraussetzungen sind für Kinder unter 14 Jahren oder behinderte Kinder bis zum 25. Lebensjahr, die sich nicht selbst unterhalten können, zwei Drittel der Kinderbetreuungskosten, höchstens jedoch 4.000,- € je Kind als Werbungskosten abzugsfähig.

Kinderbetreuungskosten dürfen als Werbungskosten bei den Einkünften aus nichtselbstständiger Arbeit nur berücksichtigt werden, soweit sie nicht als Betriebsausgaben bei anderen Einkunftsarten oder als Sonderausgaben abgezogen werden.

Kontoführungsgebühren

Da Lohn- und Gehaltszahlungen fast ausschließlich bargeldlos abgewickelt werden, sind Kontoführungsgebühren des Arbeitnehmers für Lohn- oder Gehaltskonto beruflich veranlasst. Werden auf dem Gehaltskonto auch andere, private Zahlungen abgewickelt, so sind die Jahresgebühren quotenmäßig aufzuteilen. Ohne besonderen Nachweis wird aber ein Betrag von 16,- € jährlich als Werbungskostenabzug anerkannt.

Krankheitskosten

Nicht durch Versicherungen gedeckte Krankheitskosten können nur dann als Werbungskosten Berücksichtigung finden, wenn sie durch die Berufsausübung entstanden sind. Unbestritten ist dies bei anerkannten typischen Berufskrankheiten (z.B. Staublunge, Erkrankungen durch Blei oder seine Verbindungen), die in der Berufskrankheiten -Verordnung enthalten sind. Bei allen anderen Krankheiten wird deren Ursache als nicht ausschließlich durch die berufliche Tätigkeit bedingt angesehen und ein Werbungskostenabzug nicht zugelassen.

Abzugsfähig sind aber Krankheitskosten, die durch Unfälle an der Arbeitsstätte, auf Dienstreisen oder auf dem Weg von der Wohnung zur Arbeitsstätte entstanden sind.

Prozesskosten

Prozesskosten, in erster Linie Gerichtskosten und Anwaltskosten, können Werbungskosten sein, wenn dabei ein unmittelbarer wirtschaftlicher Zusammenhang zur Einnahmeerzielung besteht. Zweifellos sind dies Kosten eines Arbeitsgerichtsverfahrens wegen Rückgängigmachung einer Kündigung oder Zahlung von Arbeitslohn. Auch Prozesskosten im Zusammenhang mit Ansprüchen aus der gesetzlichen oder privaten Rentenversicherung gehören dazu.

Bei Strafprozessen kann ein beruflicher Zusammenhang gegeben sein, wenn der Arbeitnehmer beispielsweise für einen Unfall auf einer Dienstreise oder einen Betriebsunfall verantwortlich gemacht wird.

Schadensersatzleistungen

Schadensersatzleistungen wegen Fehlverhaltens des Arbeitnehmers als unmittelbare Folge der beruflichen Betätigung sind als Werbungskosten abziehbar. Dazu gehören Schadensersatzleistungen, die der Arbeitnehmer aufgrund eines Unfalls auf einer ausschließlich beruflich veranlassten Fahrt an den Geschädigten zu leisten hat. Auch Zahlungen, die aufgrund von Verletzungen eines vertraglich vereinbarten Wettbewerbsverbots an einen früheren Arbeitgeber zu leisten sind, sind Werbungskosten.

Schmiergelder

Zahlungen in Form von Provisionen oder Beratungshonoraren, etwa zur Anbahnung von Geschäftsbeziehungen oder eines Stellenwechsels, können Werbungskosten sein.

Schmiergelder dagegen sind Zuwendungen von Sachwerten oder Geld, damit der Empfänger Interessen, zu deren Wahrung er verpflichtet ist, verletzt.

Solche Vorteilsgewährungen dürfen dann **nicht** als Werbungskosten abgesetzt werden, wenn der Empfänger wegen des Schmiergelds rechtskräftig bestraft bzw. ein Bußgeld verhängt ist oder ein Bestechungstatbestand im Sinne des Strafgesetzbuches vorliegt

Steuerberatungskosten

Zu den Steuerberatungskosten gehören Aufwendungen für Beratung, Gutachten, Steuerfachliteratur und Lohnsteuerhilfe, ebenso Fahrtkosten zum Steuerberater und Unfallkosten auf dem Weg dorthin.

Nur Kosten im Zusammenhang mit der Ermittlung der Einkünfte aus nichtselbstständiger Arbeit können als Werbungskosten berücksichtigt werden. Steuerberatungskosten für die Einkommensteuererklärung sowie die allgemeine steuerliche Beratung ohne Bezug zur Einkunftserzielung (z.b. Erbschaftsteuerfragen) können nicht abgesetzt werden.

Umzugskosten

Voraussetzung für die Absetzbarkeit von Umzugskosten ist die berufliche Veranlassung. Dies ist immer dann gegeben, wenn ein erstmaliger Dienstantritt oder ein Wechsel der Arbeitsstelle stattfindet. Es kann aber auch der Fall sein, wenn durch einen Umzug die Zeit für Hin- und Rückfahrt zur bestehenden Arbeitsstätte erheblich (mindestens eine Stunde) verkürzt wird. Zudem ist eine berufliche Veranlassung vorhanden, wenn ein Arbeitsverhältnisses beendet, eine Dienstwohnung geräumt werden muss oder eine bestehende doppelte Haushaltsführung durch Auflösung einer von zwei Wohnungen beendet wird.

Grundlage für die Absetzbarkeit von Ausgaben ist das Bundesumzugsrecht für den öffentlichen Dienst. Die Finanzverwaltung erkennt bei einem beruflich veranlassten Umzug die tatsächlichen Umzugskosten ohne weitere Prüfung in der Regel bis zur Höhe der Beträge als Werbungskosten an, die nach dem Bundesumzugskostenrecht für den öffentlichen Dienst als Umzugskosten höchstens gezahlt werden.

Die absetzbaren Aufwendungen sind grundsätzlich einzeln durch Belege nachzuweisen; für eine Reihe von Aufwendungen können aber auch Pauschalen angesetzt werden.

1. **Umzugskosten, die immer einzeln nachgewiesen werden müssen**

- Reisekosten für 2 Reisen von 1 Person oder für 1 Reise von 2 Personen und höchstens 2 Aufenthaltstage je Reise wegen notwendiger **Wohnungssuche oder Wohnungsbesichtigung** (abziehbare Beträge analog Dienstreisen mit der Begrenzung der Fahrtkosten auf die billigste Fahrkarte eines öffentlichen Verkehrsmittels),

- **Reisekosten** des Umziehenden und für im Haushalt wohnende und mitzuziehende Personen (Ehegatten, Kinder, Verwandte, Hausangestellte) zum neuen Wohnort (abziehbare Beträge wie bei Dienstreisen),
- **Beförderungskosten** für das Umzugsgut,
- **Miete** für die **bisherige Wohnung**, die nach dem Umzug noch bezahlt werden muss (bis zur Lösung des Mietverhältnisses),
- **Miete** für die **neue Wohnung**, die vor dem Umzug bereits bezahlt werden muss (maximal für 6 Monate),
- **Wohnungsvermittlungskosten** (z.B. Maklerprovision, Telefongebühren, Inseratskosten),
- Ausgaben für umzugsbedingten notwendigen **Unterricht für Kinder** (maximal 1.409,- € je Kind),
- Kosten für eine notwendige Anschaffung für einen **Kochherd** bis 230,- €, für **Öfen** und andere **Heizgeräte** bis zu 164,- € je Zimmer.

2. Umzugsauslagen, die mit Pauschbeträgen abgegolten oder – falls höher – einzeln nachgewiesen werden müssen

Neben den o.g. nachgewiesenen Umzugskosten wird ein Pauschalbetrag für sonstige Umzugskostenauslagen gewährt. Die Pauschale beträgt für

- Ledige 561,- € und für
- Verheiratete 1.121,- €.

Den Verheirateten gleichgestellt sind Ledige, die Verwandten auch in der neuen Wohnung dauerhaft Unterkunft und Unterhalt gewähren, die auf die Hilfe einer anderen (mit umziehenden) Person angewiesen sind, sowie Verwitwete und Geschiedene.

Die Pauschbeträge erhöhen sich um 247,- € für jede im Haushalt wohnende und mit umziehende Person (Kinder, Verwandte, Hausangestellte).

Stehen aber dem Arbeitnehmer für denselben Umzug mehrere Pauschbeträge zu, wird nur einer davon – der höhere – gewährt. Wenn ein Lediger mit seinem Kind umzieht, kann er folglich den Pauschbetrag für Verheiratete und Gleichgestellte geltend machen (1.121,- € und **nicht** 561,- € + 247,- €).

Bei jedem weiteren Umzug innerhalb von fünf Jahren erhöhen sich die Pauschalen um 50 %. Für Auslandsumzüge gelten Sondervorschriften (Verordnung über die Umzugskostenvergütung bei Auslandsumzügen).

Anstelle dieser Pauschalen können Umzugsauslagen auch einzeln nachgewiesen werden, was zu höheren Abzugsbeträgen führen kann. Nachstehende Aufwendungen kommen dafür in Betracht:

- **Schönheitsreparaturen** in der bisherigen Wohnung, falls durch den Mietvertrag eine Verpflichtung dazu besteht,
- Abnehmen, Umarbeiten und Anbringen von **Vorhängen, Rollos u. ä**, damit sie in der neuen Wohnung genutzt werden können,
- Installationen und Umbauten von **Öfen, Hausgeräten** und **Beleuchtungskörpern**, um sie in der neuen Wohnung nutzen zu können,
- Änderungen von **Elektro-, Gas-** und **Wasserleitungen**, um vorher benutzte Geräte anschließen zu können,
- Einbau eines **Wasserenthärters** für Geschirrspülmaschinen bis höchstens 50,- €,
- Ersatz oder Änderungen von **Rundfunk-** und **Fernsehantennen** bis zu einem Höchstbetrag von 100,- €,
- Verbindungskabel, Stecker, Mülleimer, Glühbirnen und anderes **Kleinmaterial**,
- Übernahme eines **Fernsprechanschlusses**; maximal 30,- €,
- **Elektrokochgeschirr**, das bisher nicht notwendig war; zwei Drittel der Anschaffungskosten, pro Person im Haushalt höchstens 20,- € und maximal 100,- €,
- **Ab- und Aufbau** von **Einbauküchen**,
- Umschreibung von **Personalausweisen, Kraftfahrzeugen** und Anschaffung von **neuen Kennzeichen**,
- **Schulbücher** und **Schulgebühren** für Kinder,
- **Trinkgelder** für Umzugspersonal; maximal 5,- € je angefangenen Möbelwagenmeter.

Unfallkosten

Aufwendungen infolge eines Unfalls sind Werbungskosten, wenn sie bei beruflich veranlassten Fahrten entstehen (z.B. Unfälle auf Dienstreisen, bei Fahrten zu Fortbildungsveranstaltungen; aber **nicht** bei Fahrten zwischen Wohnung und Arbeitsstätte).

Der Schadensumfang beinhaltet Reparaturkosten und Wertminderungen am eigenen und am Fahrzeug des Unfallgegners bzw. den Zeitwert der Fahrzeuge bei Totalschaden sowie alle damit zusammenhängenden Aufwendungen (z.B. Telefon, Taxi, Anwalt, Auslagen); immer abzüglich Ersatzleistungen (z.B. Versicherungen). Verzichtet ein Arbeitnehmer auf eine Versicherungsleistung und bezahlt den Schaden selbst, um seinen Schadensfreiheitsrabatt zu erhalten, so sind seine Aufwendungen ebenfalls Werbungskosten. Auch Beitragserhöhungen einer Versicherung in den Folgejahren, aufgrund einer Schadensregulierung, sind Werbungskosten, soweit für Dienstfahrten die tatsächlichen Aufwendungen und nicht die Kilometerpauschalen als Werbungskosten geltend gemacht werden.

Versicherungsbeiträge

Ein Werbungskostenabzug kommt nur für Arbeitnehmer in Betracht, die betrieblich bedingte Fahrten mit dem eigenen Kraftfahrzeug durchführen. Abziehbar sind dann Beiträge zu einer **Berufshaftpflichtversicherung**. Prämien für **Kraftfahrzeughaftpflicht-, Kaskoversicherungen, Rechtsschutz-** und **Reisegepäckversicherung** können nur anteilig, entsprechend der beruflichen Nutzung des Kraftfahrzeuges, als Werbungskosten berücksichtigt werden.

4.3.4   Freibeträge

Arbeitnehmerpauschbetrag: Weist der Arbeitnehmer keine oder nur geringe Werbungskosten nach, so steht ihm ein Arbeitnehmerpauschbetrag in Höhe von 920,- € jährlich zu. Erwerbsbedingte Kinderbetreuungskosten können aber immer zusätzlich abgezogen werden.

Handelt es sich bei den Einnahmen aus nichtselbständiger Arbeit um Versorgungsbezüge, beträgt der Pauschbetrag nur 102,- €.

Die Pauschbeträge dürfen aber – im Gegensatz zu nachgewiesenen Werbungskosten – **nicht** bewirken, dass die Einkünfte nach deren Abzug negativ werden.

Versorgungsfreibetrag: Zusätzlich zum allgemeinen Pauschbetrag von 102,- € bleiben von Versorgungsbezügen 36,8 % und höchstens 2.760,- € (Versorgungsfreibetrag) sowie ein Zuschlag von 828,- € im Jahr steuerfrei.

Bis zum Jahr 2005 betrugen der Versorgungsfreibetrag 40 % von den Versorgungsbezügen und höchstens 3.000,- € sowie der Zuschlag 900,- €. Dieser Prozentsatz und die Beträge werden seit dem Jahr 2006 bis zum Jahr 2040 abgeschmolzen. Der Prozentsatz für den Versorgungsfreibetrag verringert sich bis zum Jahr 2020 jährlich um 1,6 % und dann bis zum Jahr 2040 jährlich um 0,8 %. Der Höchstbetrag für den Versorgungsfreibetrag verringert sich bis zum Jahr 2020 jährlich um 120,- € und dann bis zum Jahr 2040 jährlich um 60,- €. Der Zuschlag verringert sich bis zum Jahr 2020 jährlich um 36,- € und dann bis zum Jahr 2040 jährlich um 18,- €.

4.4 Landwirtschaftliche Einkünfte

Einkünfte aus Land- und Forstwirtschaft sind auch Einkünfte aus dem Betrieb von Weinbau, Gartenbau, Obstbau, Gemüsebau, Baumschulen und aus allen Betrieben, die Pflanzen und Pflanzenteile mit Hilfe der Naturkräfte gewinnen. Ebenso dazu gehören die Einkünfte aus der Tierzucht und Tierhaltung, wenn nur eine geringe Anzahl von Vieheinheiten gehalten wird.

Einkünfte aus Land- und Forstwirtschaft gehören zu den Gewinneinkünften. Diese Einkünfte werden durch Gegenüberstellung von Betriebseinnahmen und Betriebsausgaben ermittelt. Das Ergebnis kann sowohl positiv (Gewinn) als auch negativ (Verlust) sein.

Einkünfte werden nur dann besteuert, wenn sie den Freibetrag von 670,- € (bei zusammen veranlagten Ehegatten 1.340,- €) im Jahr übersteigen. Der Freibetrag entfällt bei Einkünften über 30.700,- € (bei zusammen veranlagten Ehegatten 61.400,- €) im Jahr.

In bestimmten Fällen (z.B. bei kleineren Betrieben) kann der Gewinn auch durch Berechnung eines durchschnittlichen Ertrags pauschal ermittelt werden. Für Sonderkulturen, Weinbaubetriebe u.ä. ist ein Freibetrag von 1.534,- € zu berücksichtigen.

Gewinne aus der Veräußerung und Vererbung von land- und forstwirtschaftlichem Besitz bleiben unter bestimmten Voraussetzungen teilweise steuerfrei.

Verkauft ein land- und forstwirtschaftlicher Betrieb neben den selbstgewonnenen zugekaufte Erzeugnisse über den betriebsnotwendigen Umfang (mehr als 30 %Prozent des Umsatzes) hinaus, dann liegt ein Gewerbebetrieb vor.

4.5 Gewerbliche Einkünfte

Eine selbständige nachhaltige Betätigung, die mit der Absicht, Gewinn zu erzielen, unternommen wird, ist Gewerbebetrieb, wenn die Betätigung weder als Ausübung von Land- und Forstwirtschaft noch als eine selbständige Arbeit anzusehen ist. Als Gewerbebetrieb gilt in vollem Umfang die Tätigkeit von Einzelunternehmen und Personengesellschaften. Kapitalgesellschaften (z.B. GmbH, AG) sind auch Gewerbebetriebe, unterliegen aber dem Körperschaftsteuergesetz.

Zu den Einkünften aus Gewerbebetrieb gehören der Gewinn und die Vergütung des Unternehmers bzw. die Gewinnanteile und die Vergütungen der Gesellschafter (Mitunternehmer) des Betriebs. Gewinn ist der Überschuss der Betriebseinnahmen über die Betriebsausgaben. Bei Gewerbetreibenden, die auf Grund handelsgesetzlicher Vorschriften verpflichtet sind, Bücher zu führen und regelmäßig Abschlüsse zu machen, oder dies freiwillig tun, erfolgt die Gewinnermittlung durch Aufstellung einer Steuerbilanz .

Bestandteil der Einkünfte aus Gewerbebetrieb sind auch Gewinne, die erzielt werden bei der Veräußerung des ganzen Gewerbebetriebs oder eines Teilbetriebs. Bei Veräußerung des gesamten Betriebes kann von über 55-jährigen oder Berufsunfähigen ein Freibetrag von 45.000,- € beansprucht werden, wenn der Gewinn dabei niedriger als 136.000,- € ist. Bei höheren Gewinnen wird der Freibetrag durch den 136.000,- € übersteigenden Gewinnanteil gekürzt und entfällt somit bei 181.000,- € vollständig.

4.6   Freiberufliche Einkünfte

Das Einkommensteuergesetz nennt drei Personengruppen, die Einkünfte aus selbständiger (freiberuflicher) Tätigkeit erzielen. Dies sind:

- Selbständig ausgeübte wissenschaftliche, künstlerische, schriftstellerische, unterrichtende und erzieherische Tätigkeiten,
- die sog. Katalogberufe (Ärzte, Anwälte etc.), wobei die persönliche Arbeitsleistung im Mittelpunkt steht und
- die „ähnlichen" Berufe.

Bei der Ermittlung der Einkünfte aus selbständiger Arbeit besteht kein Unterschied zu den Einkünften aus Gewerbebetrieb. Gewinn ist der Überschuss der Betriebseinnahmen über die Betriebsausgaben.

Bei „ähnlichen" freiberuflichen Tätigkeiten kann es Abgrenzungsschwierigkeiten zu den Einkünften aus Gewerbebetrieb geben. Voraussetzungen für die Annahme einer selbständigen Arbeit sind die eigenverantwortliche und erst durch erworbene Fachkenntnisse mögliche Tätigkeit. Darüber hinaus muss eine gewisse Nähe (Ähnlichkeit) zu den Katalogberufen bestehen. So kann z.B. ein Programmierer freiberuflich tätig sein, wenn er qualifizierte Software (keine Trivialsoftware) durch eine ingenieurmäßige Vorgehensweise entwickelt. Dann übt er eine dem Katalogberuf „Ingenieure" ähnliche Tätigkeit aus.

Aus der Abgrenzung zu den Einkünften aus Gewerbebetrieb ergibt sich übrigens eine wichtige steuerrechtliche Folge: Freiberufliche Tätigkeiten sind von der Gewerbesteuer – eine zusätzliche Belastung des Gewinns von ca. 20 % – befreit.

Nebentätigkeiten

Eine Tätigkeit ist nebenberuflich, wenn sie vom zeitlichen Umfang her nicht mehr als ein Drittel der Tätigkeit ausmacht, die ein Vollerwerbstätiger zu erbringen hat. Bestimmte nebenberufliche Tätigkeiten sind steuerbegünstigt. So bleiben Einnahmen aus einer oder mehreren nebenberuflichen Tätigkeiten, die im Dienst oder Auftrag einer öffentlich-rechtlichen oder gemeinnützigen Körperschaft erfolgen und der Förderung gemeinnütziger, mildtätiger oder kirchlicher Zwecke dienen (z.B. gemeinnützige Sport- und Musikvereine, Rettungsdienstorganisationen, Feuerwehren, Schulen und Hochschulen, kirchliche Einrichtungen) als

- Ausbilder,
- Erzieher,
- Betreuer,
- Künstler oder
- Pfleger

bis zur Höhe von insgesamt 2.100,- € im Kalenderjahr steuerfrei. Mit diesem Freibetrag (sog. Übungsleiterpauschale) sind Betriebsausgaben bis zu dieser Höhe abgegolten. Ein Abzug von Betriebsausgaben ist nur insofern möglich, als diese den Steuerfreibetrag übersteigen.

Für entgeltliche ehrenamtliche Betätigungen, die nebenberuflich ausgeübt werden und nicht unter die Begünstigung der Übungsleiterpauschale fallen, gibt es einen Freibetrag von jährlich 500,- €.

Für andere nebenberufliche

- wissenschaftliche,
- künstlerische und schriftstellerische Tätigkeiten sowie
- Vortrags- , Lehr- oder Prüfungstätigkeiten,

die nicht unter die Freibetragsregelung fallen, können pauschal – ohne Einzelnachweis – 25 % der Betriebseinnahmen, höchstens 614,- € pro Jahr als Betriebsausgaben geltend gemacht werden.

4.7   Kapitaleinkünfte

Einkünfte aus Kapitalvermögen gehören zu den Überschusseinkunftsarten. Einkünfte sind hier die Überschüsse der Einnahmen über die Werbungskosten.

Einnahmen

Zu den Einnahmen aus Kapitalvermögen gehören unter anderem

- Zinserträge aus Guthaben bei Kreditinstituten, aus Darlehen und anderen festverzinslichen Wertpapieren, z.B. Anleihen, Bundesobligationen, sowie
- Dividenden aus Aktien und Gewinnanteile aus Beteiligungen an Unternehmen.

Auch einmalige Leistungen aus Kapitallebensversicherungsverträgen und betrieblichen Pensionsfonds sind Einnahmen aus Kapitalvermögen und werden voll besteuert, wenn sie nach dem 31.12.2004 abgeschlossen wurden. Für Altverträge ist die Kapitalzahlung steuerfrei, wenn neben anderen Voraussetzungen die Vertragsdauer mindestens 12 Jahre beträgt.

Einnahmen nach dem Halbeinkünfteverfahren

Ausschüttungen (Dividenden) von Aktiengesellschaften und anderen Kapitalgesellschaften (z.B. GmbH, Erwerbs- und Wirtschaftsgenossenschaften) unterliegen dem sog. Halbeinkünfteverfahren. Sie sind zur Hälfte steuerfrei.

Werbungskosten

Werbungskosten sind alle Aufwendungen, die durch die Einnahmen aus Kapitalvermögen veranlasst sind. Die mit dem Halbeinkünfteverfahren in Zusammenhang stehenden Werbungskosten sind auch nur zur Hälfte abziehbar. Wesentliche Werbungskosten bei Einkünften aus Kapitalvermögen sind:

- **Arbeitsmittel:** Aufwendungen für Arbeitsmittel sind Werbungskosten, wenn das Arbeitsmittel ausschließlich oder weitaus überwiegend zur Erzielung von Kapitaleinkünften genutzt wird. Eine private Mitbenutzung ist unschädlich, soweit sie einen Nutzungsanteil von etwa 10 % nicht übersteigt. Bei einem gemischt genutzten PC kann der auf die Einkunftserzielung entfallende Nutzungsanteil nachgewiesen bzw. glaubhaft gemacht.

- **Beratungskosten:** Beratungskosten des Anlegers sind grundsätzlich Werbungskosten , wenn sie mit Kapitaleinnahmen in Zusammenhang stehen.

- **Depotgebühren:** Depotgebühren sind Werbungskosten, wenn eine Einkunftserzielungsabsicht vorliegt, d.h. die Kapitalanlagen im Depot Erträge abwerfen.

- **Fachliteratur:** Reine Fachbücher und Fachzeitschriften, Börsenbriefe und Wertpapierzeitungen sind als Werbungskosten zu berücksichtigen. Aufwendungen für allgemeine Wirtschaftszeitungen sind dagegen nicht abzugsfähig, z.B. Capital und Wirtschaftswoche.

- **Finanzierungsvermittlungsgebühren:** Die Finanzverwaltung lässt den Abzug von Finanzierungsvermittlungsgebühren i.d.R. in Höhe von bis zu 2 % des vermittelten Kredits zu

- **Internetanschluss/-gebühren:** Gebühren für Online-Dienste/Provider sind Werbungskosten, soweit sie durch Einnahmen aus Kapitalvermögen veranlasst sind. Die Kosten sind gegebenenfalls in einen durch Kapitaleinnahmen veranlassten und einen privaten Anteil aufzuteilen.

- **Reisekosten:** Reisekosten sind als Werbungskosten zu berücksichtigen, wenn sie mit der Erzielung und Einziehung von Kapitalerträgen zusammenhängen, z.B. Teilnahme an der Hauptversammlung.

- **Schuldzinsen:** Schuldzinsen für aufgenommene Kredite, die im Zusammenhang mit dem Erwerb von Kapitalanlagen stehen, sind Werbungskosten.

- **Seminarkosten:** Kosten für Seminare sind Werbungskosten (Gebühren, Reisekosten), wenn sie sich in erster Linie mit der Erzielung von Einkünften aus Kapitalvermögen beschäftigen.

- **Steuerberatungskosten:** Steuerberatungskosten, die mit den Einkünften aus Kapitalvermögen zusammenhängen, sind Werbungskosten

- **Telefonkosten:** Telefongebühren, die durch die Einkünfte aus Kapitalvermögen veranlasst sind, können als Werbungskosten abgezogen werden.

Werbungskosten, die durch eine einzelne Kapitalanlage veranlasst sind, sind ausschließlich dieser Kapitalanlage zuzuordnen. Werbungskosten, die nicht unmittelbar zugeordnet werden können sind aufzuteilen.

Werbungskosten-Pauschbetrag

Der Werbungskosten-Pauschbetrag in Höhe von 51,- € – bei zusammen veranlagten Ehegatten 102,- € – ist von den Einnahmen abzuziehen, wenn die nachgewiesenen Werbungskosten nicht höher sind. Eine Halbierung des Werbungskosten-Pauschbetrags erfolgt nicht, auch wenn nur Einnahmen nach dem Halbeinkünfteverfahren vorhanden sind. Der Abzug des Pauschbetrags darf aber nicht zu einem Verlust führen.

Sparer-Freibetrag

Nach Abzug der Werbungskosten ist ein Sparer-Freibetrag von 750,- € – bei zusammen veranlagten Ehegatten 1.500,- € – abzuziehen. Eine Halbierung des Sparer-Freibetrags für Einnahmen, die nach dem Halbeinkünfteverfahren besteuert werden, erfolgt nicht. Der Sparer-Freibetrag darf nicht höher sein als die um die Werbungskosten geminderten Kapitalerträge.

Folgende zwei Beispiele sollen die Ermittlung der Einkünfte aus Kapitalvermögen unter Berücksichtigung des Sparerfreibetrages bei zusammen veranlagten Ehegatten mit Werbungskosten-Pauschbetrag und höheren nachgewiesenen Werbungskosten verdeutlichen.

Einnahmen aus Dividenden	2.200 €
– 50% steuerfrei	– 1.100 €
+ Zinseinnahmen	+ 600 €
– Werbungskosten-Pauschbetrag	– 102 €
– Sparerfreibetrag	– 1.500 €
= Einkünfte aus Kapitalvermögen	98 €

Abb. 4.5:   Ermittlung der Einkünfte aus Kapitalvermögen mit Werbungskosten-Pauschbetrag

Einnahmen aus Dividenden	2.200 €
– 50% steuerfrei	– 1.100 €
nachgewiesene Werbungskosten: 280 €	
– davon abziehbar	– 140 €
+ Zinseinnahmen	+ 600 €
– nachgewiesene Werbungskosten	– 70 €
Sparer-Freibetrag: 1.500 €	
– davon abziehbar	– 1.490 €
= Einkünfte aus Kapitalvermögen	0 €

Abb. 4.6:   Ermittlung der Einkünfte aus Kapitalvermögen mit höheren nachgewiesenen Werbungskosten

Kapitalertragsteuer

Kapitalerträge werden schon zu dem Zeitpunkt besteuert, in dem sie dem Empfänger zufließen. Die Stelle, die die Kapitalerträge auszahlt (im Regelfall ein Kreditinstitut), hat für Rechnung des Empfängers der Kapitalerträge den sog. Kapitalertragsteuerabzug vorzunehmen. Die Kapitalertragsteuer beträgt im Regelfall 30 % von den Zinseinkünften (Zinsabschlag) und 20 % von den Dividenden. Auch wenn die Dividenden im Halbeinkünfteverfahren besteuert werden, unterliegen die gesamten Kapitalerträge der Kapitalertragsteuer. Die während eines Jahres an das Finanzamt abgeführte Kapitalertragsteuer ist eine Steuervorauszahlung und wird am Ende des Jahres mit der sich aus der Einkommensteuererklärung ergebenden Schuld verrechnet (Beispiel siehe Kapitel 6).

Hinweis

Für Kapitalerträge bis 801,- € (Sparerfreibetrag von 750,- € und Werbungskosten-Pauschbetrag von 51,- €) wird keine Kapitalertragsteuer erhoben, wenn der Bank ein so genannter **Freistellungsauftrag** vorliegt. Für zusammen veranlagte Ehegatten gelten die doppelten Beträge.

4.8 Vermietungs- und Verpachtungseinkünfte

Die entgeltliche Gebrauchsüberlassung unbeweglicher (z.B. Gebäude, Wohnungen), beweglicher (z.B. Autos) und immaterieller (z.B. Urheberrechte) Vermögensgegenstände führt zu Einkünften aus Vermietung- und Verpachtung, soweit private Vermögensverwaltung gegeben ist. Es handelt sich folglich um eine Einkunftsart, die solche Vermögensänderungen nur im Privatbereich erfasst. Der Rahmen privater Vermögensverwaltung wird überschritten, wenn Vermögensumschichtungen dauerhaft in erster Linie mit der Absicht erfolgen, Vermögen zu vermehren und Gewinne zu erzielen. So liegt gewerblicher Grundstückshandel mit Einkünften aus Gewerbebetrieb vor, wenn die Zeitspanne zwischen Fertigstellung und Veräußerung von mindestens drei Objekten nicht mehr als fünf Jahre beträgt. Die Konsequenz: Zusätzliche Belastung des Gewinns von ca. 20 % durch die Gewerbesteuer.

Einkünfte aus Vermietung und Verpachtung gehören zu den Überschusseinkunftsarten. Einkünfte sind hier die Überschüsse der Einnahmen über die Werbungskosten.

Einnahmen

Einnahmen sind der Hauptsache Miet- und Pachtzinsen eines Kalenderjahres. Es ist unerheblich, ob es sich um laufende oder um einmalige Einnahmen handelt.

Werbungskosten

Alle im Zusammenhang mit der Vermietungs- oder Verpachtungstätigkeit entstehenden Aufwendungen zum Erwerb, der Sicherung und Erhaltung der Mieteinnahmen dürfen als Werbungskosten angesetzt werden. Wesentliche Werbungskosten sind Abschreibungen, Arbeitsmittel, Schuldzinsen, Instandhaltungsaufwendungen und Nebenkosten. Einzelne Werbungskosten sind:

- **Abschreibungen:** Der steuerliche Begriff dafür ist „Absetzung für Abnutzung (AfA)". Für Gebäude oder Gebäudeteile (ohne Grundstück bzw. Grundstücksanteil) beträgt sie 2 % der Anschaffungs- oder Herstellungskosten je Jahr; bei Fertigstellung des Gebäudes vor dem 31.12.1924 sind es 2,5 %.

- **Arbeitsmittel:** Werkzeuge, Geräte für Pflege von Haus und Garten.

- **Erhaltungsaufwand:** Es handelt sich hierbei um laufende Kosten für Instandhaltung, Pflege, Wartung, Renovierung und Instandsetzung des Gebäudes und des Grundstücks. Größerer Erhaltungsaufwand kann auch auf zwei bis fünf Jahre verteilt werden. Herstellungsaufwendungen dagegen, z.B. Anbauten, Ausbauten oder Umbauten, sind Wert erhöhend und damit nachträgliche Herstellungskosten des Gebäudes (nur durch Abschreibungen verteilt abziehbar). Herstellungsaufwendungen für nicht mehr als 4.000,- € werden aber auf Antrag wie Erhaltungsaufwand behandelt.
  - Grundsteuer
  - Hausgeld (außer Instandhaltungsrücklage)
  - Hausmeister
  - Heizungskosten
  - Kaminkehrer
  - Kanalgebühren
  - Müllabfuhr
  - Prozesskosten (Rechtsstreit muss sachlich mit dem Mietverhältnis zusammenhängen)
  - Reinigungskosten
  - Reisekosten (Fahrten für die gelegentlich erforderliche Inspektion eines Mietobjektes)

- Stromgebühren
- Versicherungen (Feuer-, Haus- und Rechtschutzversicherungsbeiträge)
- Wassergebühren
- Wohnungsverwaltung

Werbungskostenkürzung: Beträgt der Mietzins weniger als 56 % der ortsüblichen Warmmiete, sind die mit der verbilligten Vermietung zusammenhängenden Werbungskosten nur entsprechend gekürzt abziehbar. Soweit der Mietzins zwischen 56 % und 75 % der ortsüblichen Warmmiete liegt, ist eine Überschussprognose zu erstellen. Dabei ist von einem Zeitraum von 30 Jahren auszugehen. Fällt das Ergebnis der Überschussprognose negativ (Summe der gesamten Einnahmen ist geringer als die Summe der gesamten Werbungskosten) aus, sind die Werbungskosten entsprechend dem Mietzins zu kürzen. Bei einer positiven Überschussprognose sind die Werbungskosten in voller Höhe abziehbar. Letzteres gilt, ohne weitere Prüfung, immer, wenn der Mietzins mehr als 75 % der ortsüblichen Warmmiete beträgt.

Achtung

Fehlende Einkunftserzielungsabsicht: Übersteigen die Werbungskosten – insbesondere wegen Finanzierungskosten bei Fremdfinanzierung des Mietobjekts – die Mieteinnahmen, so mindern diese Verluste die Gewinne bzw. Einnahmenüberschüsse aus anderen Einkunftsarten. Im Rahmen der privaten Anlageentscheidung ist dies oft ein wesentlicher Aspekt, wenn sich „Verluste machen" zumindest steuerlich lohnt. So genannte Verlustzuweisungsgesellschaften werben gerade mit dem Versprechen, dass mit der Beteiligung Steuervorteile zu erzielen sind.

Jede Einkunftserzielung setzt aber immer die Absicht und ein Streben nach einem Einnahmeüberschuss (Gewinn) voraus, sonst werden Verluste steuerlich nicht anerkannt. Sehr kritisch werden deshalb Werbungskostenüberschüsse (Verluste) aus Vermietung und Verpachtung vom Finanzamt dahingehend geprüft, ob der Vermieter über die Dauer der voraussichtlichen Vermietung ein insgesamt positives Gesamtergebnis (Totalüberschuss) überhaupt erzielen will oder die Vermietung nur als Liebhaberei betreibt.

Gegen eine Einkunftserzielungsabsicht können folgende Sachverhalte sprechen und sind deshalb besonders kritisch zu überprüfen:

• Vermietungstätigkeit ist nicht auf Dauer angelegt und in diesem begrenzten Zeitraum werden nur Werbungskostenüberschüsse erzielt,

- Wohnobjekt wird innerhalb eines engen zeitlichen Zusammenhangs – von in der Regel bis zu fünf Jahren – seit der Anschaffung oder Herstellung verkauft oder selbst genutzt,
- Beteiligung an Verlustzuweisungsgesellschaften, die mit Vorteilen steuerlicher Verluste werben,
- Vermietung von Ferienwohnungen, die auch zeitweise selbst genutzt werden,
- besonders aufwendig gestaltetes oder ausgestattetes Wohnobjekt, das eigentlich gar nicht zur Vermietung bestimmt ist und zu nicht marktüblichen Bedingungen (symbolischer Mietzins), meistens an Angehörige, vermietet ist.

Ob Einkunftserzielungsabsicht besteht, muss anhand der Verhältnisse im jeweiligen Einzelfall entschieden werden.

4.9   Sonstige Einkünfte

Die sonstigen Einkünfte nach dem Einkommensteuergesetz erfassen in der Hauptsache

- wiederkehrende Bezüge (Renten),
- Unterhaltsleistungen vom Ehegatten,
- private Veräußerungsgeschäfte (Spekulationsgeschäfte),
- gelegentliche Geschäfte und
- Zulagen und Zuschüsse.

Wiederkehrende Bezüge sind Pensionen und Renten. Als Leibrenten bezeichnet man jede fortwährende Zahlungsverpflichtung, die ganz oder zum überwiegenden Teil davon abhängt, dass der Rentenempfänger lebt. Im Gegensatz dazu sind Zeitrenten – unabhängig vom Erleben eines Rentenempfängers – für einen festen Zeitraum fällig.

- Renten aus der gesetzlichen Rentenversicherung werden bis zum Jahr 2040 nur anteilsmäßig besteuert. Der steuerpflichtige Anteil von 54 % im Jahr 2007 erhöht sich bis zum Jahr 2020 jährlich um 2 % und dann bis zum Jahr 2040 jährlich um 1 %. Relevant für den Steuerpflichtigen ist dabei das Jahr des Rentenbeginns.

- Renten aus privaten Versicherungen werden nur mit ihrem Ertragsanteil (Zinsen aus dem Kapital) besteuert.

  Zur Erklärung: Wird ein Kapitalbetrag nicht sofort in voller Höhe ausbezahlt, sondern als Rente (Raten) über einen längeren Zeitraum, ist die Summe der

Rentenraten höher als der Kapitalbetrag, da das noch nicht ausbezahlte Kapital Zinsen erbringt. Jede Rente enthält somit einen Kapitalanteil und einen Ertragsanteil.

Der vom Gesetzgeber festgelegte Ertragsanteil der Rente liegt zwischen 1 % und 59 %. Je kürzer die erwartete Laufzeit der Rente, umso geringer ist der zu versteuernde Ertragsanteil. Maßgeblich dafür ist das vollendete Lebensalter bei Beginn des Rentenanspruches.

Pensionen (z.B. bei Beamten) und Betriebsrenten unterliegen voll der Besteuerung und werden steuerlich wie Einkommen aus nichtselbständiger Arbeit behandelt.

Unterhaltsleistungen vom geschiedenen oder dauernd getrennt lebenden Ehegatten sind nur dann als Einkünfte zu versteuern, wenn dem Geber erlaubt wird, sie als Sonderausgaben in seiner Steuererklärung ansetzen.

Spekulationsgeschäfte sind Veräußerungen von Privatvermögen innerhalb eines festgelegten Zeitraums (Spekulationsfrist) zwischen Anschaffung und Verkauf. Bei Immobilien beträgt diese Spekulationsfrist **zehn Jahre** und bei anderen Wirtschaftsgütern, insbesondere bei Wertpapieren, **ein Jahr**.

Gewinne bis insgesamt 512,- € im Jahr bleiben steuerfrei; sind sie größer, muss der gesamte Betrag voll versteuert werden. Gewinne aus privaten Aktienveräußerungen werden nur zur Hälfte der Einkommensteuer unterworfen.

Spekulationsverluste dürfen ausschließlich mit Spekulationsgewinnen verrechnet werden. Verlustrücktrag (ein Jahr und höchstens 511.500,- €) und unbegrenzte Verlustvorträge sind möglich; sie dürfen aber wiederum nur durch Spekulationsgewinne ausgeglichen werden.

Gelegentliche Geschäfte sind gelegentliche Vermittlungstätigkeit oder Vermietung beweglicher Gegenstände. Gewinne bis insgesamt 256,- € im Jahr bleiben steuerfrei.

Zulagen und Zuschüsse sind u.a. Entschädigungen, Versorgungsabfindungen, Übergangsgelder, Amtszulagen und Sterbegelder.

4.10 Freibeträge wegen Alleinerziehung und im Alter

Alleinerziehende und über 64 Jahre alte Steuerpflichtige werden steuerlich durch Freibeträge entlastet. Sie können von der Summe der Einkünfte – wenn sie noch positiv ist – einen Entlastungsbetrag für Alleinerziehende bzw. einen Altersentlastungsbetrag abziehen.

Entlastungsbetrag für Alleinerziehende

Alleinstehende Steuerpflichtige, die mindestens ein Kind unter 18 Jahren alleine in ihrem Haushalt erziehen, können einen Entlastungsbetrag für Alleinerziehende von der Summe der Einkünfte abziehen. Mit anderen Personen, die keine Kinder sind, dürfen sie dabei keine Haushaltsgemeinschaft bilden. Zudem müssen der Steuerpflichtige und sein Kind bzw. seine Kinder in der gemeinsamen Wohnung mit Hauptwohnsitz gemeldet sein. Der Entlastungsbetrag beträgt 1.308,- €. Für jeden vollen Kalendermonat, in dem die Voraussetzungen nicht vorgelegen haben, ermäßigt sich der Entlastungsbetrag um ein Zwölftel.

Altersentlastungsbetrag

Vom Arbeitslohn (Einkünfte aus nichtselbständiger Arbeit) und der positiven Summe der anderen Einkünfte, dürfen Steuerpflichtige, die das 64. Lebensjahr vor dem Veranlagungszeitraum vollendet haben, einen Altersentlastungsbetrag abziehen. Relevant für den Steuerpflichtigen ist dabei das Jahr des Versorgungsbeginns.

Für das Jahr 2007 beträgt der Altersentlastungsbetrag 36,8 % vom Arbeitslohn und der positiven Summe (negative Summe bleibt unberücksichtigt) der anderen Einkünfte, höchstens 1.748,- €.

Bis zum Jahr 2005 betrug der Altersentlastungsbetrag 40 % vom Arbeitslohn und der positiven Summe der anderen Einkünfte, maximal 1.900,- €. Dieser Altersentlastungsbetrag wird seit dem Jahr 2006 bis zum Jahr 2040 abgeschmolzen. Der Prozentsatz verringert sich bis zum Jahr 2020 jährlich um 1,6 % und dann bis zum Jahr 2040 jährlich um 0,8 %. Der Höchstbetrag verringert sich bis zum Jahr 2020 jährlich um 76,- € und dann bis zum Jahr 2040 jährlich um 38,- €.

Der Altersentlastungsbetrag wird nur demjenigen Ehegatten gewährt, der die Altersvoraussetzungen erfüllt. Auch bei zusammen veranlagten Ehegatten wird er deswegen nicht automatisch verdoppelt.

4.11   Sonderausgaben

Durch den Abzug von Entlastungsbetrag für Alleinerziehende und Altersentlastungsbetrag von der Summe der Einkünfte ergibt sich der Gesamtbetrag der Einkünfte. Davon dürfen Sonderausgaben abgezogen werden. Diese stehen im Gegensatz zu den Werbungskosten in keinem direkten Zusammenhang zur Einnahmenerzielung.

Als Sonderausgaben können bestimmte Aufwendungen für die private Lebensführung steuerlich berücksichtigt werden, die auf einer eigenen Verpflichtung des Steuerpflichtigen beruhen und von ihm tatsächlich geleistet werden. Bei Ehegatten, die zusammen veranlagt werden, ist es für den Abzug aber gleichgültig, ob sie der Ehemann oder die Ehefrau geleistet hat.

Die einzelnen Sonderausgabenarten lassen sich grundsätzlich einteilen in:

- Vorsorgeaufwendungen
- andere Sonderausgaben

Nicht alle Sonderausgaben sind in voller Höhe abzugsfähig sondern unterliegen Höchstgrenzen.

4.11.1   Vorsorgeaufwendungen

Vorsorgeaufwendungen sind Versicherungsbeiträge für Unfall-, Kranken-, Renten-, Lebens-, Arbeitslosen-, Haftpflicht- oder Pflegeversicherung. Reine Sachversicherungen (z.B. Hausrat-, Kaskoversicherungen) und Rechtschutzversicherungen werden nicht als Vorsorgeaufwendungen berücksichtigt.

Bei den Vorsorgeaufwendungen sind drei Gruppen zu unterscheiden:

- Altersvorsorgeaufwendungen
- Vorsorgeaufwendungen in andere Versicherungen
- Zusätzliche Altersvorsorgeaufwendungen

Altersvorsorgeaufwendungen

Altersvorsorgeaufwendungen sind neben den Beiträgen zur gesetzlichen Rentenversicherung auch Beiträge an andere Versicherungsunternehmen, sofern diese den gesetzlichen Rentenversicherungen vergleichbare Leistungen erbringen (monatliche, lebenslange Rente). Keine Berücksichtigung finden Beiträge für Lebensversicherungen, bei denen das Kapital in einem Betrag ausbezahlt wird.

Die steuerlich berücksichtigungsfähigen Altersvorsorgeaufwendungen werden wie folgt berechnet:

1. Zu den Altersvorsorgeaufwendungen des Arbeitnehmers ist der Arbeitgeberanteil zur gesetzlichen Rentenversicherung hinzuzurechnen.

2. Die Altersvorsorgeaufwendungen können bis zu 20.000,- € steuerlich berücksichtigt werden (bei zusammen veranlagten Ehegatten doppelter Betrag). Bei
    Steuerpflichtigen, die ohne eigene Aufwendungen ganz oder teilweise einen
    Anspruch auf eine Altersversorgung erhalten (z.B. Beamte), vermindert sich
    der Höchstbetrag von 20.000,- € um einen fiktiven Gesamtrentenversicherungsbeitrag.

3. Von dem verbleibenden Betrag sind 64 % (im Jahr 2007) zu berücksichtigen.
    Der Abzugsprozentsatz erhöht sich in den folgenden Kalenderjahren um jeweils um 2 %, bis er ab 2025 100 % beträgt.

4. Von dem sich danach ergebenden Betrag ist der steuerfreie Arbeitgeberanteil
    abzuziehen. Der Restbetrag kann als Altersvorsorgeaufwendungen steuerlich
    geltend gemacht werden.

Beispiel für Altervorsorgeaufwendungen von Ehegatten
(beide sind Arbeitnehmer)

Arbeitnehmerbeiträge zur Rentenversicherung	8.000 €
+ Arbeitgeberbeiträge zur Rentenversicherung	8.000 €
= Rentenversicherungsbeiträge insgesamt	16.000 €
maximal 40.000 €, somit	16.000 €
davon 64 %	10.240 €
− Arbeitgeberbeiträge	− 8.000 €
= abzugsfähige Altersvorsorgeaufwendungen	2.240 €

Abb. 4.7:   Altersvorsorgeaufwendungen von Ehegatten

Vorsorgeaufwendungen in andere Versicherungen

Beiträge zu

*   Krankenversicherung,
*   Pflegeversicherung,
*   Arbeitslosenversicherung,
*   Kapitallebensversicherung (88 % und vor 2005 abgeschlossen)
*   Erwerbs- und Berufsunfähigkeitsversicherung,
*   Unfallversicherung,

- Haftpflichtversicherung und
- Risikolebensversicherung

können begrenzt – insgesamt bis 2.400,- € im Jahr – als Sonderausgaben abgezogen werden.

Der Höchstbetrag beträgt allerdings nur 1.500,- €, wenn der Steuerpflichtige ganz oder teilweise ohne eigene Aufwendungen Anspruch auf die Erstattung von Krankheitskosten hat (z.B. Beihilfe für Beamte) **oder** für dessen Krankenversicherung Arbeitgeberbeiträge erbracht werden (normalerweise für jeden Arbeitnehmer). Für zusammen veranlagte Ehegatten sind die Beträge zu verdoppeln.

Hinweis

Nachgewiesene andere Vorsorgeaufwendungen bewirken bei Arbeitnehmern keine Steuerentlastung, wenn die gesetzlichen Kranken-, Pflege- und Arbeitslosenversicherungsbeiträge im Jahr 1.500,- € bzw. 3.000,- € bei Ehegatten erreicht haben. Augrund der Beitragssätze dieser gesetzlichen Pflichtversicherungen in Höhe von insgesamt ca. 11 % für einen Arbeitnehmer ist dies bereits bei einem Jahresarbeitslohn in Höhe von knapp 14.000,- € bei Ledigen (14.000,- € · 11 % = 1.540,- €) und 28.000,- € bei Verheirateten (28.000,- € · 11 % = 3.080,- €) der Fall.

Zusätzliche Altersvorsorgeaufwendungen

Auf besonderen Antrag – Anlage AV zur Einkommensteuererklärung – sind Aufwendungen zum Aufbau einer privaten Altersvorsorge (sog. Riester-Rente) bis 1.575,- € im Jahr 2007 (ab 2008: 2.100,- €) zusätzlich als Sonderausgaben abzugsfähig, d.h. der Sonderausgabenabzug der anderen Vorsorgeaufwendungen bleibt hiervon unberührt. Der Anlagevertrag muss staatlich anerkannt (zertifiziert) worden sein.

Hinweis

Da der begünstigte (in der Rentenversicherung pflichtversicherte) Personenkreis eine Altersvorsorgezulage (Grundzulage 2007: 114,- €, ab 2008: 154,- € und Zulage je Kind 2007: 138,- €; ab 2008: 185,- €) erhält, wird der Sonderausgabenabzug nur dann gewährt, wenn er eine höhere Steuerersparnis bewirkt als die Altersversorgungszulage (wird vom Finanzamt geprüft).

4.11.2   Vorsorgepauschale

Nur bei **Arbeitnehmern** wird für Vorsorgeaufwendungen eine Vorsorgepauschale ermittelt. Sie ist ein gesetzlicher Mindestbetrag für den Abzug der Vorsorgeaufwendungen. Werden keine höheren Vorsorgeaufwendungen nachgewiesen, kann der Steuerpflichtige die Vorsorgepauschale geltend machen. Basis für die Berechnung der Vorsorgepauschale ist der Arbeitslohn aus einer abhängigen Tätigkeit. Arbeitslohn ist das Jahresbruttoentgelt. Davon werden Versorgungsfreibetrag und Altersentlastungsbetrag – nur bei dem dazu berechtigten Personenkreis – abgezogen. Arbeitslöhne über der Beitragsbemessungsgrenze in der Rentenversicherung (2007: 63.000,- €/Jahr) werden nicht berücksichtigt, da Rentenversicherungsbeiträge auch nur bis zu dieser Grenze entrichtet werden müssen.

Die Höhe der Vorsorgepauschale richtet sich folglich nach der Höhe des Arbeitslohns. Darüber hinaus müssen rentenversicherungspflichtige und rentenversicherungsfreie Arbeitnehmer (z.B. Beamte) notwendigerweise unterschiedlich behandelt werden, da Letztere keine eigenen Beiträge zu ihrer Altersversorgung leisten müssen. Bei der Berechnung der Vorsorgepauschale sind deshalb zu unterscheiden:

1.   Rentenversicherungspflichtige Arbeitnehmer

Die Vorsorgepauschale setzt sich zusammen aus 14 % des Beitrags (Arbeitslohn · Beitragssatz [2007: 19,9 %]) zur gesetzlichen Rentenversicherung und 11 % des Arbeitslohns, höchstens 1.500,- € bzw. 3.000,- € bei zusammen veranlagten Ehegatten, wenn mindestens ein Ehegatte rentenversicherungspflichtig ist.

Der Prozentsatz des Beitrags zur gesetzlichen Rentenversicherung erhöht sich jährlich um 2 % und beträgt ab 2025 50 %.

2.   Rentenversicherungsfreie Arbeitnehmer (z.B. Beamte, Richter)

Die (gekürzte) Vorsorgepauschale beträgt 11 % des Arbeitslohns, höchstens 1.500,- € bzw. 3.000,- € bei zusammen veranlagten Ehegatten, wenn beide Ehegatten rentenversicherungsfrei sind.

Nachfolgendes Beispiel zeigt die Berechnung der Vorsorgepauschale für zusammen veranlagte Ehegatten, wenn mindestens ein Ehegatte rentenversicherungspflichtig ist.

Beispiel für Vorsorgepauschale von Ehegatten

Jahresarbeitslohn: 60.000 €

Beitrag zur gesetzlichen Rentenversicherung
(19,9 % von 60.000 € Arbeitslohn) .... 11.940 €

davon 14 % .... 1.671 €

+ 11 % vom Arbeitslohn
(11 % von 60.000 € Arbeitslohn) .... 6.600 €

maximal 3.000 €, somit .... 3.000 €

= Vorsorgepauschale .... 4.671 €

Abb. 4.8:   Vorsorgepauschale für Ehegatten

Hinweis

Bis 2004 wurden die steuerlich abzugsfähigen Vorsorgeaufwendungen und Vorsorgepauschale nach einem ganz anderen Schema berechnet. Für die Kalenderjahre 2005 bis 2019 hat der Gesetzgeber eine Günstigerprüfung durch das Finanzamt vorgeschrieben. Dadurch soll sichergestellt werden, dass durch die Neuregelung der Vorsorgeaufwendungen keine Schlechterstellung eintritt. Da die „Altregelung" nur in Einzelfällen zu einem besseren Ergebnis führt, wird auf eine Darstellung verzichtet.

4.11.3   Andere Sonderausgaben

Unter den Aufwendungen, die als andere Sonderausgaben die Steuerbemessungsgrundlage mindern dürfen, hat der Gesetzgeber die verschiedenartigsten Ausgaben des Steuerpflichtigen zusammengefasst:

- Kirchensteuern
- Versorgungsrenten und dauernde Lasten
- Realsplitting
- Spenden
- Kinderbetreuungskosten

- Ausbildungskosten
- Schulgeld
- Verlustvortrag und Verlustrücktrag

Kirchensteuern

Kirchensteuern sind Geldleistungen an eine steuerberechtigte Religionsgemein-schaft (geregelt in den Kirchensteuergesetzen der Bundesländer). Sie sind unbe-grenzt als Sonderausgaben abziehbar. Spenden an Kirchen gehören nicht dazu!

Versorgungsrenten und dauernde Lasten

Versorgungsrenten und dauernde Lasten sind private Versorgungsleistungen (bei-spielsweise von Kindern an Eltern wegen Immobilienübertragung).

Realsplitting

Unterhaltsleistungen an den geschiedenen oder dauernd getrennt, im Inland leben-den Ehegatten dürfen bis maximal 13.805,- € im Jahr abgezogen werden, wenn der Zahlungsempfänger zustimmt und die empfangenen Leistungen als sonstige Einkünfte versteuert (Realsplitting); ansonsten können sie nur als außergewöhnli-che Belastungen berücksichtigt werden.

Spenden

Spenden für **gemeinnützige Zwecke** können begrenzt bis zur Höhe von 20 % des Gesamtbetrags der Einkünfte oder alternativ – bei Unternehmensspenden – bis zu 0,4 % der Summe aus Umsätzen und Lohn- und Gehaltszahlungen im Jahr abge-zogen werden; je nachdem, welcher Betrag höher ist.

Für Spenden im Jahr 2007 kann der Steuerpflichtige aber auch noch die alten Rechtsregeln in Anspruch zu nehmen, sofern sie im Einzelfall für ihn günstiger sind. Die Prozentsätze betrugen je nach Zweck 5 % (kirchliche, religiöse, beson-ders förderungswürdige gemeinnützige Zwecke einschließlich Sport) und 10 % (wissenschaftliche, mildtätige, kulturelle Zwecke).

Mitgliedsbeiträge und Spenden an **politische Parteien** können bis 3.300,- € je Person steuerlich geltend gemacht werden. Spenden bis 1.650,- € werden zur Hälfte – maximal also 825,- € je Person – direkt von der Steuerschuld abgezogen.

Als Sonderausgaben sind nur noch die 1.650,- € übersteigenden Beträge, höchstens 1.650,- €, absetzbar. Für Verheiratete verdoppeln sich natürlich die Beträge.

Hinweis

Für Einzelspenden im Gesamtbetrag von nicht mehr als 200,- € genügt als Nachweis der Überweisungsträger/Einzahlungsbeleg des Empfängers und die Buchungsbestätigung eines Kreditinstituts. Für darüber hinausgehende Spenden ist immer eine ordnungsgemäße Spendenbescheinigung (amtlich vorgeschriebener Vordruck) erforderlich.

Kinderbetreuungskosten

Für alle Kinder, die das 3. Lebensjahr vollendet, das 6. Lebensjahr aber noch nicht vollendet haben, sind zwei Drittel der Kinderbetreuungskosten, höchstens jedoch 4.000,- € je Kind als Sonderausgaben abzugsfähig.

Das gleiche gilt für Kinder unter 14 Jahren oder behinderte Kinder bis zum 25. Lebensjahr, die sich nicht selbst unterhalten können, wenn Aufwendungen Kindergarten, Kinderkrippen oder Tagesmutter erforderlich sind, weil der Alleinerziehende oder beide Ehegatten entweder in Ausbildung, behindert oder krank sind. Ist ein Ehegatte erwerbstätig, müssen diese Voraussetzungen nur für den anderen Ehegatten vorliegen.

Kinderbetreuungskosten dürfen als Sonderausgaben nur berücksichtigt werden, soweit sie nicht als Werbungskosten oder Betriebsausgaben bei den Einkunftsarten abgezogen werden.

Ausbildungskosten

Aufwendungen des Steuerpflichtigen für seine erstmalige Berufsausbildung und für ein Erststudium an Hoch-/Fachhochschulen oder vergleichbaren Bildungseinrichtungen, wenn diese **nicht** im Rahmen eines Dienstverhältnisses stattfinden, sind bis zu 4.000,- € im Kalenderjahr als Sonderausgaben abziehbar (Einzelheiten für Studierende siehe Kapitel 3.5.3).

Nicht zu den Ausbildungskosten gehören berufsbezogene Fortbildungskosten, die in einem konkreten Zusammenhang mit Einnahmen stehen. Sie sind Werbungskosten. Aufwendungen für die Ausübung von Freizeittätigkeiten (Hobbys), werden steuerlich überhaupt nicht berücksichtigt. Sie sind Aufwendungen für die private Lebensführung.

Schulgeld

Schulgeld für staatlich genehmigte, erlaubte oder anerkannte Ersatz- oder Ergän-
zungsschulen (Privatschulen) kann in Höhe von 30 % abgezogen werden. Berücksichtigung findet nur das reine Schulgeld, d.h. Kosten für Unterkunft, Verpflegung
oder Kinderbetreuung sind nicht abzugsfähig.

Verlustvortrag und Verlustrücktrag

Ergibt die Summe der Einkünfte eines Jahres einen Verlust, so kann dieser, bis
maximal 511.500,- € bzw. bei Ehegatten 1.023.000,- €, wie Sonderausgaben mit
den positiven Einkünften des vorangegangenen Jahres verrechnet werden (Verlustrücktrag). Die restlichen Verluste werden solange als Sonderausgaben mit
zukünftigen positiven Einkünften verrechnet, bis sie ausgeglichen sind (Verlustvortrag). Zu beachten ist, dass Verluste nur bis 1.000.000,- € (Ehegatten
2.000.000,- €) mit positiven Einkünften vollständig verrechnet werden können.
Darüber hinausgehende Verluste dürfen positive Einkünfte jährlich nur bis zu
60 % mindern.

4.11.4   Sonderausgabenpauschbetrag

Werden keine höheren anderen Sonderausgaben nachgewiesen, kann der Steuerpflichtige den Sonderausgabenpauschbetrag geltend machen. Dies ist ein gesetzli-
cher Mindestbetrag für den Abzug der anderen Sonderausgaben, die keine Vorsorgeaufwendungen sind.

Der Sonderausgabenpauschbetrag für andere Sonderausgaben beträgt:

- 36,- € für Ledige
- 72,- € für Verheiratete.

4.12   Außergewöhnliche Belastungen

Außergewöhnliche Belastungen resultieren überwiegend aus Schadensfällen und
Unterstützungsleistungen verschiedenster Art, denen sich der Steuerpflichtige aus
rechtlichen, insbesondere aber sittlichen oder moralischen Gründen nicht ent-
ziehen kann oder will. Auch Aufwendungen von Körperbehinderten und Hin-
terbliebenen sind als außergewöhnlich zu qualifizieren.

Die steuerliche Absetzbarkeit von außergewöhnlichen Belastungen beruht auf der Überlegung, dass Steuerpflichtige, denen **zwangsläufig** außergewöhnliche und belastende Aufwendungen entstehen, nicht wesentlich schlechter gestellt werden sollen, als andere Steuerpflichtige gleicher Einkommensverhältnisse.

Außer Ansatz bleibt jedoch bei einer Reihe von Belastungstatbeständen eine **zumutbare Eigenbelastung**, da ein Teil der Belastung dem Steuerpflichtigen – entsprechend seiner steuerlichen Leistungsfähigkeit – zugemutet werden kann. Zwei Gruppen von außergewöhnlichen Belastungen werden unterschieden:

* Allgemeine außergewöhnliche Belastungen
* Spezielle außergewöhnliche Belastungen

4.12.1   Allgemeine außergewöhnliche Belastungen

Kosten für Krankheiten, Pflege, ärztlich verordnete Kuren, Scheidung und Beerdigung stellen für einen Steuerpflichtigen regelmäßig außergewöhnliche Belastungen dar. Das gleiche gilt für die Wiederbeschaffung von Hausrat und Kleidung, die aufgrund eines unabwendbaren Ereignisses (z.B. Krieg, Brand, Hochwasser, Verseuchung, Erdbeben) verloren wurden. Aufwendungen für Trauerbekleidung und für die Bewirtung von Trauergästen bei einer Beerdigung erfüllen aber beispielsweise nicht den Tatbestand der außergewöhnlichen Belastung.

Nach Abzug der Leistungen von Versicherungen ist als außergewöhnliche Belastung nur der Betrag anzusetzen, der nach Abzug der **zumutbaren Eigenbelastung** übrig bleibt. Diese richtet sich nach der Höhe des Gesamtbetrages der Einkünfte (steuerliche Leistungsfähigkeit) und ist (in Prozent) folgender Tabelle zu entnehmen.

	Gesamtbetrag der Einkünfte		
Steuerpflichtiger	bis 15.350 €	über 15.350 € bis 51.130 €	über 51.130 €
(1) ohne Kinder			
– ledig oder gleichgestellt	5	6	7
– verheiratet und mit Ehegatten zusammen veranlagt	4	5	6
(2) mit einem oder zwei Kindern	2	3	4
(3) mit mehr als zwei Kindern	1	1	2

Abb. 4.9:   Zumutbare Eigenbelastung in Prozent des Gesamtbetrags der Einkünfte

Schwerbehinderten – insbesondere Gehbehinderten – wird für Privatfahrten ein Betrag von 900,- € je Jahr pauschal als allgemeine außergewöhnliche Belastung anerkannt wird. Dies entspricht einer Fahrleistung von 3.000 Kilometer · 0,30 €/km.

4.12.2   Spezielle außergewöhnliche Belastungen

Zu dieser Gruppe gehören außergewöhnliche Belastungen in besonderen Fällen (z.B. Aufwendungen für die Berufsausbildung und den Unterhalt von Personen) sowie für behinderte Menschen, Hinterbliebene und Pflegepersonen.

Nur in Ausnahmefällen wird bei den speziellen außergewöhnlichen Belastungen eine zumutbare Eigenbelastung berücksichtigt, d.h. sie sind voll abzugsfähig – allerdings nur bis zu bestimmten Höchstgrenzen. Die wichtigsten Arten von speziellen außergewöhnlichen Belastungen werden nachfolgend kurz erläutert. Alle angegebenen Beträge beziehen sich jeweils auf ein Jahr.

Behinderte

Behinderten wird ein Pauschbetrag gewährt, der abhängig ist vom Behinderungsgrad.

Hilflose Behinderte, die fremde Hilfe benötigen, und Blinde erhalten jährlich 3.700,- €.

Behinderungsgrad	Pauschbetrag
25 % und 30 %	310,- €
35 % und 40 %	430,- €
45 % und 50 %	570,- €
55 % und 60 %	720,- €
65 % und 70 %	890,- €
75 % und 80 %	1.060,- €
85 % und 90 %	1.230,- €
95 % und 100 %	1.420,- €

Abb. 4.10:   Pauschbeträge für Behinderte

Behinderte Menschen können anstelle eines Pauschbetrages auch ihre tatsächlichen Aufwendungen infolge der Behinderung als allgemeine außergewöhnliche Belastungen geltend machen. Die zumutbare Eigenbelastung muss dann aber abgezogen werden.

Ein Behinderten-Pauschbetrag, der einem **Kind** zusteht, kann dann auf die Eltern (je zur Hälfte auf die Elternteile) übertragen werden, wenn ihn das Kind nicht selbst beansprucht.

Hinterbliebene

Steuerpflichtige, die Hinterbliebenenbezüge erhalten, dürfen auf Antrag einen Pauschbetrag von 370,- € für außergewöhnliche Belastungen absetzen.

Ein Hinterbliebenen-Pauschbetrag, der einem **Kind** zusteht, kann dann auf die Eltern (je zur Hälfte auf die Elternteile) übertragen werden, wenn ihn das Kind nicht selbst beansprucht.

Pflegebedürftige

Ein Pflegepauschbetrag in Höhe von 924,- € steht einem Steuerpflichtigen zu, der eine dauerhaft hilflose und pflegebedürftige Person bei sich oder in deren Wohnung betreut.

Haushaltshilfe

Wird eine Haushaltshilfe benötigt, dürfen Aufwendungen dafür bis 624,- € vom Steuerpflichtigen berücksichtigt werden. Voraussetzung dafür ist:

- Steuerpflichtiger ist über 60 Jahre alt oder
- er ist krank oder
- Ehegatte, Kind oder unterhaltene Person im Haushalt ist krank.

Dieser Betrag erhöht sich im Falle einer Hilflosigkeit oder einer Schwerbehinderung einer dieser Personen auf 924,- €.

Heim- oder Pflegeunterbringung

Aufwendungen für eine Heim- oder Pflegeunterbringung können bis 624,- €, bei dauernder Pflege bis 924,- €, steuerlich geltend gemacht werden.

Unterstützung unterhaltsberechtigter Personen

Unterstützt der Steuerpflichtige eine gesetzlich unterhaltsberechtigte Person (Ehegatte, Kinder, Enkel, Eltern), für die kein Anspruch auf Kindergeld besteht oder der aufgrund seiner Zuwendungen Sozialhilfe bzw. Arbeitslosengeld gekürzt wurden, dann werden seine Aufwendungen steuerlich begrenzt berücksichtigt.

Der jährliche Höchstbetrag beträgt 7.680,- €, vermindert um Einkünfte und Bezüge der bedürftigen Personen, soweit sie 624,- € im Jahr übersteigen. Bezüge sind steuerlich nicht erfasste Einnahmen, z B. Rentenanteile. Aufwendungen, die in wirtschaftlichem Zusammenhang mit den Bezügen stehen, können davon abgezogen werden; pauschal 180,- € im Kalenderjahr.

Hinweis

Die genannten Beträge vermindern sich, wenn die unterstützte Person nicht in Deutschland, sondern in einem Land mit sehr viel niedrigerem Lebensstandard lebt; je nach den Lebenshaltungskosten im ausländischen Wohnsitzstaat auf 3/4, 1/2 oder 1/4 des Betrags von 7.680,- €.

Kinder in Ausbildung

Für ein über 18-jähriges Kind, das sich in Berufsausbildung (Schule, Lehre, Studium) befindet können die Eltern einen Freibetrag für den Sonderbedarf bei Berufsausbildung (Ausbildungsfreibetrag) beanspruchen. Voraussetzungen dafür sind:

* das Kind ist nicht älter als 25 Jahre (Wehr- oder Zivildienst verlängern diesen Zeitraum),
* wohnt nicht bei den Eltern und
* hat eigene Einkünfte und Bezüge von weniger als 7.680,- €.

Eltern erhalten dann Kindergeld und der Ausbildungsfreibetrag beträgt 924,- € je Jahr. Von dem Ausbildungsfreibetrag abgezogen werden aber eigene Einkünfte und Bezüge des Kindes, soweit sie 1.848,- € übersteigen.

Zu den Einkünften und Bezügen gehören auch Ausbildungsbeihilfen, wie Leistungen nach dem Bundesausbildungsförderungsgesetz (BAFÖG). Sie müssen vom Freibetrag abgezogen werden, soweit es sich nicht um Darlehen handelt.

Nachstehendes Beispiel zeigt den Sachverhalt der begrenzten Wirkung dieses Ausbildungsfreibetrages.

Kind ist 20 Jahre alt und auswärts untergebracht	
Eigene Einnahmen als Werkstudent	2.000 €
− Arbeitnehmerpauschbetrag	− 920 €
(oder höherer Einzelnachweis von Werbungskosten)	
= Eigene Einkünfte	1.080 €
+ Bezüge (z. B. BAFÖG)	1.500 €
= Eigene Einkünfte und Bezüge	2.580 €
− Unschädlicher Betrag	− 1.848 €
= Kürzungsbetrag	732 €
⇨ Abzugsbetrag (924 € − 732 €)	192 €

Abb. 4.11: Ausbildungsfreibetrag für Eltern von Kindern in Ausbildung

Der berechnete Freibetrag kommt unabhängig von der tatsächlichen Zuwendung an das Kind zum Ansatz. Befindet sich das Kind nicht während des ganzen Jahres in Ausbildung, so sind die Beträge nur anteilig zu ermitteln.

Für Auslandskinder vermindert sich der Ausbildungsfreibetrag je nach den Lebenshaltungskosten im ausländischen Wohnsitzstaat auf 3/4, 1/2 oder 1/4 des Betrags von 924,- €.

Wichtig

Der Ausbildungsfreibetrag ist ein Elternfreibetrag. Eine Aufteilung des Ausbildungsfreibetrages ist erforderlich, wenn beide Elternteile alle Voraussetzungen für seine Inanspruchnahme erfüllen aber nicht gemeinsam zur Einkommensteuer veranlagt werden, weil sie geschieden sind oder als Verheiratete dauernd getrennt leben.

4.13   Kinder dürfen nicht vergessen werden

Kinder kosten Geld. Der Staat beteiligt sich an den Aufwendungen des Steuerpflichtigen durch Kindergeldzahlungen oder durch Freibeträge für Kinder. Letztere mindern das zu versteuernde Einkommen und führen zu einer Steuerersparnis,

die auch höher sein kann als das Kindergeld. Es gibt also doch zwei Klassen von
Kindern.

Kinderstatus: Voraussetzung für Kindergeld oder Freibeträge für Kinder

Für Kindergeld oder Freibeträge für Kinder gelten dieselben Voraussetzungen. Ein
Kind unter 18 Jahren wird ohne jede weitere Voraussetzung sowohl bei der Zahlung des Kindergeldes als auch bei der Gewährung der Freibeträge für Kinder
berücksichtigt.

Ein Kind über 18 Jahre wird bei der Zahlung des Kindergeldes als auch bei der
Gewährung der Freibeträge für Kinder weiterhin berücksichtigt, wenn es arbeitslos und nicht älter als 21 Jahre ist. Befindet sich ein Kind in Ausbildung, so gilt
dies bis zum 25. Lebensjahr. Wehr- oder Zivildienst verlängern diesen Zeitraum.
Anmerkung: Dies gilt erstmalig für nach dem 01.01.1983 geborene Kinder. Darüber hinaus gelten folgende Übergangsregelungen: Kinder, die im Jahr 2006 das
26. oder 25. Lebensjahr vollendet haben, werden bis zur Vollendung des 27. Le-
bensjahres berücksichtigt. Noch bis zum 26. Lebensjahr werden solche Kinder
berücksichtigt, die im Jahr 2006 das 24. Lebensjahr vollendeten.

Vorsicht

Verlust von Kindergeld und Freibeträgen für Kinder: Kinder über 18 Jahre dürfen nicht mehr als 7.680,- € (Jahresgrenzbetrag) eigene Einkünfte und Bezüge
im Jahr haben.

Dazu gehören neben Ausbildungsvergütung, Lohn aus Teilzeitbeschäftigung,
Arbeitslosengeld, Sozialhilfe und Leibrenten auch Einkünfte aus Kapitalvermögen
(Zinsen, Dividenden etc.), selbst wenn diese durch den Sparerfreibetrag (750,- €)
freigestellt sind.

Liegen die Voraussetzungen für die Berücksichtigung eines Kindes nur einen Teil
des Jahres vor, wird der Jahresgrenzbetrag anteilig gekürzt. Beendet beispielsweise ein 22-jähriges Kind am 30.9. seine Ausbildung und wird vom Betrieb übernommen erhalten die Eltern für neun Monate Kindergeld oder Freibeträge für
Kinder, wenn die Einkünfte und Bezüge des Kindes in diesem Zeitraum den antei-
ligen Grenzbetrag (3/4 von 7.680,- € = 5.760,- €) nicht übersteigen.

Freibeträge für Kinder

Vom Einkommen, das sich nach Abzug von Sonderausgaben und außergewöhnlichen Belastungen vom Gesamtbetrag der Einkünfte ergibt, dürfen von den Steuerpflichtigen, wenn die oben genannten Voraussetzungen erfüllt sind, folgende Freibeträge für Kinder abgezogen werden:

- Der Kinderfreibetrag in Höhe von 3.648,- € je Kind.
- Der Bedarfsfreibetrag, genau heißt er Freibetrag für Betreuungs-, Erziehungs- und Ausbildungsbedarf, in Höhe von 2.160,- € je Kind.

Für jedes Kind ergibt sich folglich ein Gesamtfreibetrag von 5.808,- €. Zusammen veranlagte Ehegatten erhalten diesen vollen Freibetrag gemeinsam für ein Kind.

Jedes Kind hat zwar Vater und Mutter, diese können aber auch getrennte Wege gehen oder sich einfach nicht gemeinsam zur Einkommensteuer veranlagen lassen. Wenn die Eltern die getrennte Veranlagung beantragen, dauernd getrennt leben, geschieden oder gar nicht verheiratet sind, steht jedem Elternteil ein halber Kinderfreibetrag (1.824,- €) und Bedarfsfreibetrag (1.080,- €), insgesamt 2.904,- € zu.

Eine Vereinigung des gesamten Kinderfreibetrages und des Bedarfsfreibetrags (3.648,- € + 2.160,- € = 5.808,- €) auf einem Elternteil ist möglich, wenn dieser das Kind im Wesentlichen alleine unterhält.

Kindergeld oder Freibeträge für Kinder

Kinderfreibetrag und Bedarfsfreibetrag werden nur berücksichtigt, wenn sie zusammen in ihrer Wirkung das Kindergeld übertreffen! Ist die Steuerersparnis aus diesen Freibeträgen niedriger oder genauso hoch wie das jährliche Kindergeld so wird kein Kinderfreibetrag berücksichtigt.

Das Kindergeld beträgt monatlich für die ersten drei Kinder jeweils 154,- € und für jedes weitere Kind 179,- € und wird von der Familienkasse des Arbeitsamts monatlich ausbezahlt. Das jährliche Kindergeld beträgt somit für ein Kind 1.848,- €, für zwei Kinder 3.696,- €, für drei Kinder 5.544,- € und für jedes weitere Kind zusätzlich 2.148,- €.

In welchen Fällen der Abzug der Freibeträge für Kinder günstiger ist als der Anspruch auf Kindergeld, weil die Steuerersparnis daraus das Kindergeld überkompensiert, soll nachstehende Vergleichsrechnung beispielhaft zeigen.

Vergleichsrechnung: Kindergeld und Freibeträge bei zwei bzw. drei Kindern für zusammen veranlagte Ehegatten

(1) Zwei Kinder

Vergünstigung durch Kindergeld bei zwei Kindern:		**3.696 €**
Vergünstigung durch zwei Kinderfreibeträge:	7.296 €	
und		
zwei Freibeträge für Betreuungs-, Erziehungs- und Ausbildungsbedarf:	+ 4.320 €	
	= 11.616 €	
Bei einem angenommenen Spitzensteuersatz von 32% ergibt sich eine Steuerersparnis von:		**3.717 €**

(2) Drei Kinder

Vergünstigung durch Kindergeld bei drei Kindern:		**5.544 €**
Vergünstigung durch drei Kinderfreibeträge:	10.944 €	
und		
drei Freibeträge für Betreuungs-, Erziehungs- und Ausbildungsbedarf:	+ 6.480 €	
	= 17.424 €	
Bei einem angenommenen Spitzensteuersatz von 32% ergibt sich eine Steuerersparnis von:		**5.575 €**

In beiden Fällen ist dafür ein zu versteuerndes Einkommen von ca. 60.000 € im Jahr notwendig.

Abb. 4.12:   Vergleich Kindergeld und Kinderfreibeträge

4.14   Das zu versteuernde Einkommen

Nach Abzug der Kinderfreibeträge vom Einkommen ergibt sich das zu versteuernde Einkommen. Es ist auf einen vollen Euro-Betrag abzurunden und bildet die Bemessungsgrundlage für die Einkommensteuer.

Arbeitslöhne (30.000 + 50.000)		80.000 €
– Arbeitnehmerpauschbetrag (2 · 920 €)	1. 840 €	
– Kinderbetreuungskosten	2.600 €	
= Einkünfte aus nicht selbständiger Arbeit		75.560 €
+ Einkünfte aus Land- und Forstwirtschaft		–
+ Einkünfte aus Gewerbebetrieb		–
+ Einkünfte aus selbständiger Arbeit		+ 6.000 €
+ Einkünfte aus Vermietung u. Verpachtung		– 9.000 €
+ Zinseinnahmen	4.000 €	
– Werbungskostenpauschale (2 · 52 €)	– 102 €	
– Sparerfreibetrag (2 · 750 €)	– 1.500 €	
= Einkünfte aus Kapitalvermögen		+ 2.398 €
+ Spekulationsgewinne	2.300 €	
– Spekulationsverluste	3.000 €	
(Abzug nur bis zur Höhe der Spekulationsgewinne)		
= Sonstige Einkünfte		–
= Summe der Einkünfte und Gesamtbetrag der Einkünfte		74.958 €
– Sonderausgabenpauschalen		– 5.301 €
(19,9 % · 80.000 € · 14 % + 3.000 € = 5.229 € + 2 · 36 = 72)		
– außergewöhnliche Belastungen		– 924 €
(Freibetrag für den Sonderbedarf bei Berufsausbildung)		
= Einkommen		68.733 €
– Kinderfreibeträge (2 · 5.808 €)		– 11.616 €
= zu versteuerndes Einkommen		**57.117 €**

Abb. 4.13: Ermittlung des zu versteuernden Einkommens von zusammen veranlagten Ehegatten mit zwei Kindern

Oben stehendes Beispiel soll die Ermittlung des zu versteuernden Einkommens von zusammen veranlagten Ehegatten mit zwei Kindern im Gesamtzusammenhang verdeutlichen. Beide Ehegatten sind berufstätige Arbeitnehmer. Die Voraussetzungen für den Abzug von Kinderbetreuungskosten für den Sohn (13 Jahre, Schüler) und der Gewährung des Freibetrags für den Sonderbedarf bei Berufsausbildung für die Tochter (19 Jahre, Studentin, auswärts untergebracht, keine eigenen Einkünfte) sind gegeben. Ansonsten sind als Abzugsbeträge im Wesentlichen nur die steuerlichen Mindestbeträge (Pauschbeträge) berücksichtigt.

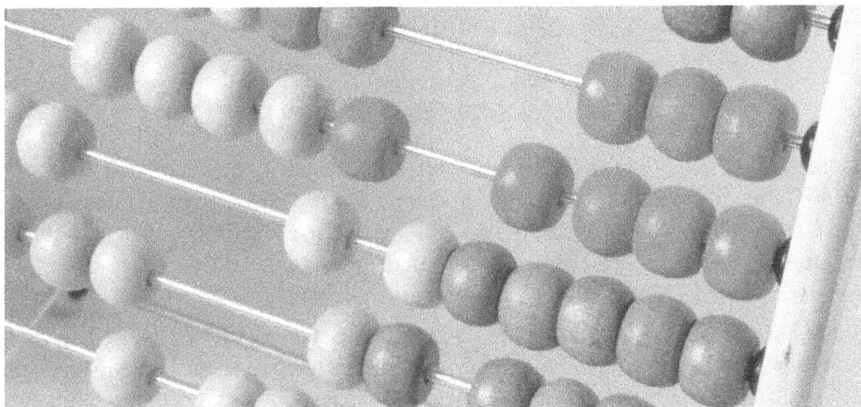

5   Was der Fiskus verlangt:
Die Steuerberechnung

Steuerzahlen beginnt erst ab **7.664,- €** (**Grundfreibetrag**) zu versteuerndem Einkommen im Jahr. Der Grundfreibetrag dient der Sicherung des Existenzminimums einer Person, dass nach einem Urteil des Bundesverfassungsgerichtes nicht besteuert werden darf. Für darüber liegende zu versteuernde Einkommen kommt für die Mehrheit der Steuerpflichtigen ein Steuersatz zur Anwendung, dessen Höhe nach dem Einkommensteuertarif zwischen **15 %** und **42 %** liegt. Der Höchststeuersatz wird bei **52.152,- €** zu versteuerndem Einkommen im Jahr erreicht. Das Grundsystem wird ergänzt durch die sog. Reichensteuer: Für zu versteuernden Einkommen über **250.000,- €** erhöht sich der Steuersatz um drei Prozentpunkte auf **45 %**.

Hinzu kommen die Ergänzungssteuern: Immer der Solidaritätszuschlag und fallweise die Kirchensteuer.

5.1   Einkommensteuer

5.1.1   Durchschnitts- und Grenzsteuersätze

Steuersatz ist nicht gleich Steuersatz! Im allgemeinen Sprachgebrauch wird der Begriff Steuersatz meist nicht weiter in Durchschnitts- oder Grenzsteuersatz präzisiert, wodurch aber häufig Irritationen entstehen. Entscheidend ist, welche Größen in Bezug zueinander gesetzt werden, um Durchschnitts- oder Grenzsteuersätze (letztere werden auch als Spitzensteuersätze bezeichnet) zu erhalten.

Während für die Ermittlung eines Durchschnittssteuersatzes das gesamte Einkommen und der gesamte Steuerbetrag herangezogen werden, bezieht sich ein Grenzsteuersatz immer nur auf die letzte und kleine Einheit von Steuer- und Einkommenszuwachs. Durchschnitts- oder Grenzsteuersätze können sich deshalb deutlich voneinander unterscheiden, wie das Beispiel zeigt:

Die Einkommensteuer auf das zu versteuernde Einkommen von 50.000,- € beträgt 13.667,- €. Das ergibt einen Durchschnittsteuersatz von 27,33 %. Steigt das zu versteuernde Einkommen um 100,- €, dann sind zusätzlich 41,- € Steuern fällig. Das sind bezogen auf den Einkommenszuwachs 41 % (= Grenzsteuersatz).

5.1.2   Einkommensteuertarif

Die Höhe der Einkommensteuer bestimmt sich nach dem Einkommensteuertarif. Dieser hat folgenden Aufbau:

(1) Grundfreibetrag (Steuersatz: 0 %) von 0 bis 7.664 €,
(2) Untere Zone (Steuersatz: 15 %–25 %) von 7.665–12.739 €,
(3) Progressionszone (Steuersatz: 25 %–42 %) von 12.740–52.151 €,
(4) Proportionalzone (Steuersatz: 42 %) von 52.152 €–250.000 €,
(5) Proportionalzone (Steuersatz: 45 %) ab 250.001 €.

Die Euro-Beträge sind das jeweils zu versteuernde Einkommen, das ist. Die Steuersätze in den einzelnen Abschnitten des Tarifs verstehen sich als Grenzsteuersätze. Folgende Grafik zeigt die **Grenzsteuersätze** bis 52.152,- € zu versteuerndes Einkommen.

Einkommensteuertarif – Grenzsteuersätze

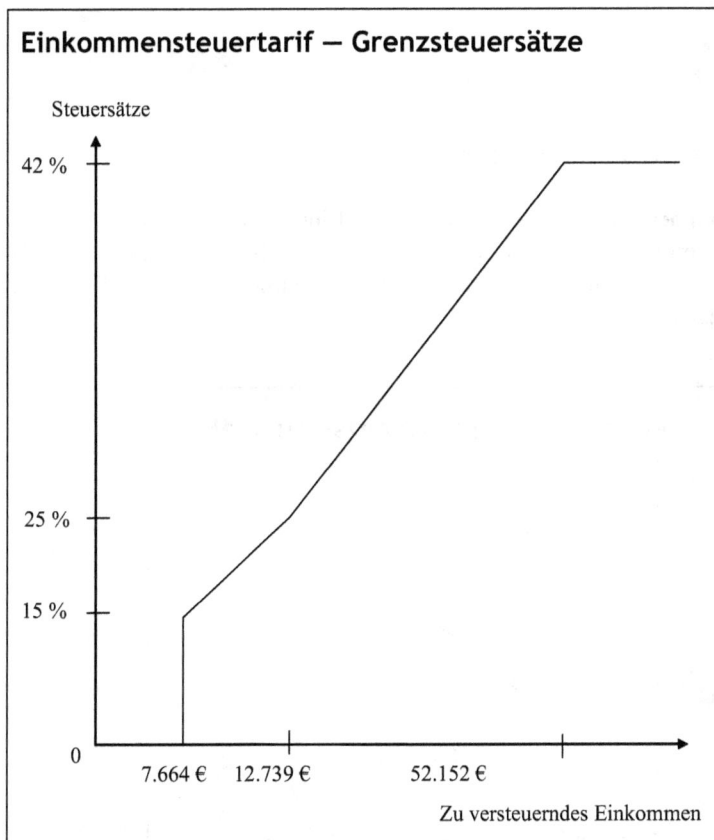

Abb. 5.1: Grenzsteuersätze im Einkommensteuertarif

Die Einkommensteuer für zu versteuernde Einkommen wird abschnittsweise mit folgenden mathematischen Funktionen genau berechnet:

(1) 0

(2) $(883{,}74 \cdot y + 1.500) \cdot y$

„y" ist ein Zehntausendstel des 7.664 € übersteigenden Teils des zu versteuernden Einkommens.

(3) $(228{,}74 \cdot z + 2.397) \cdot z + 989$

„z" ist ein Zehntausendstel des 12.739 € übersteigenden Teils des zu versteuernden Einkommens.

(4) $0{,}42 \cdot x - 7.914$

„x" ist das zu versteuernde Einkommen.

(5) $0{,}45 \cdot x - 15.414$

„x" ist das zu versteuernde Einkommen.

Werden Einkommensteuer und zu versteuerndes Einkommen zueinander ins Verhältnis gesetzt, ergibt sich daraus die durchschnittliche Steuerbelastung. Der Tarifverlauf mit Durchschnittssteuersätzen zeigt ein deutlich anderes Bild als mit Grenzsteuersätzen.

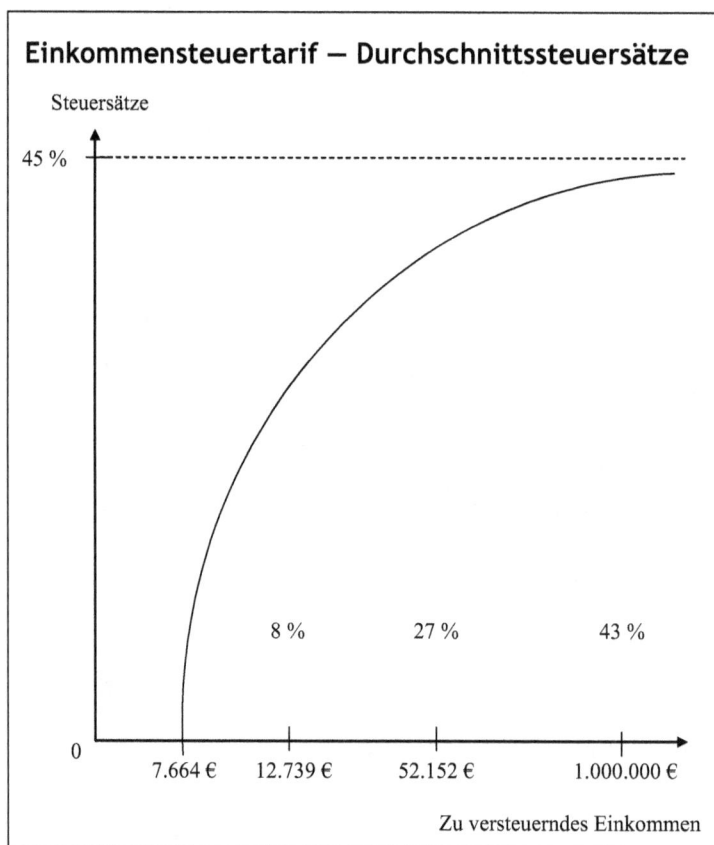

Einkommensteuertarif – Durchschnittssteuersätze

Steuersätze

45 %

8 % 27 % 43 %

0

7.664 € 12.739 € 52.152 € 1.000.000 €

Zu versteuerndes Einkommen

Abb. 5.2:   Einkommensteuertarif mit Durchschnittssteuersätzen

5.1.3   Ehegattensplitting

Aufgrund des besonderen Schutzes und der hohen Werteinschätzung für das Institut der Ehe und Familie, gewährt der Staat unter bestimmten Voraussetzungen Ehepaaren eine steuerliche Entlastung. Das Splittingverfahren kommt zur Anwendung bei Ehegatten, die **gemeinsam** und nicht getrennt zur Einkommensteuer veranlagt werden wollen. Dieses Wahlrecht steht Ehegatten zu, wenn sie

- standesamtlich geheiratet haben (Ehe nach bürgerlichem Recht) und
- nicht dauernd getrennt leben.

Wählen Ehepaare nicht ausdrücklich die getrennte Veranlagung – sie werden dann praktisch wie zwei ledige Steuerzahler behandelt –, geht die Finanzverwaltung immer von einer Zusammenveranlagung (Regelfall) aus.

Wichtig

Im Normalfall führt die Zusammenveranlagung von Ehegatten zu einer günstigeren Besteuerung als die getrennte Veranlagung.

Technisch wird das Splittingverfahren folgendermaßen umgesetzt:

1. Die Einkommen beider Partner werden zusammenaddiert.
2. Dieses gemeinsame Einkommen wird halbiert.
3. Für die Hälfte des Einkommens wird, wie bei der Einzelperson, die Steuer berechnet.
4. Die Steuer wird dann verdoppelt.

Bei unterschiedlicher Einkommenshöhe der Ehegatten resultiert aufgrund des progressiven Einkommensteuertarifs eine Steuerersparnis gegenüber der getrennten Einzelveranlagung. Sind die Einkommen beider Ehegatten allerdings gleich hoch, ist das Splittingverfahren für sie bedeutungslos, denn die Wirkung (Steuerersparnis) ist Null. Nachfolgendes Beispiel soll die Wirkung des Ehegattensplittings verdeutlichen.

Splittingverfahren

	Ehemann	**Ehefrau**
zu versteuerndes Jahreseinkommen	20.000 €	100.000 €

120.000 €

Einkommensteuer für
60.000 € = 17.286 €

Gesamte Einkommensteuer .... 34.572 €
(doppelter Betrag)

Ohne Anwendung des Splittingverfahrens beträgt die	2.850 €	34.086 €

Einkommensteuer .... 36.936 €

⇨ **Die Einkommensteuerersparnis im Jahr beträgt 2.364 €.**

Abb. 5.3:   Beispiel zum Ehegattensplitting

Von eheähnlichen Lebensgemeinschaften, die diesen Vorteil nicht nutzen können, wird das (Trauschein-) Ehegattensplitting natürlich heftig kritisiert. Als problematisch wird häufig auch die Tatsache erachtet, dass die Steuerersparnis – **falls ein Ehepartner keine Einkünfte hat** – mit zunehmendem Einkommen des anderen Ehepartners immer größer wird. Bei einem zu versteuernden Einkommen von 20.000,- € im Jahr beträgt die Entlastung ca. 2.000,- €, bei 80.000,- € schon über 7.200,- € und wächst bei noch höherem Einkommen weiter (bis ca. 15.000,- € im Jahr) an. Während im letzten Fall beispielsweise ein Ehemann seiner den Haushalt führenden Frau monatlich gut 600,- € geben kann, ohne sich finanziell gegenüber dem „Single-Dasein" zu verschlechtern, wären es im ersten Fall nur knapp 170,- €.

Kritik daran mag allerdings nur dann gerechtfertigt sein, wenn sie den Progressionstarif in seiner Gesamtheit betrifft, also dem Tatbestand Rechnung trägt, dass Personen mit höherem Einkommen auch immer überproportional mehr Steuern zahlen.

Das Steuersystem war schon immer ein Instrument zur Ehe- und Familienförderung. Das generelle Ehegattensplitting kann aber auch eine Fehlinvestition sein – und es ist eine Fehlinvestition bei kinderlosen Ehepaaren. Eine staatliche Zukunftsinvestition stellt folglich nur die Kinderbegünstigung dar, denn daraus erwachsen dem Staat zukünftige Steuerzahler.

Da das Splittingverfahren in regelmäßigen Abständen auf den finanzpolitischen Prüfstand kommt, sollte, insbesondere wegen fehlender Steuereinnahmen, dessen Ende in der gegenwärtigen Form eigentlich absehbar sein. (Anmerkung des Autors: Habe ich aber auch schon vor 25 Jahren gesagt!)

Eine letzte Bemerkung dazu: Auch der 95jährige Junggeselle kommt nach der Hochzeit mit seiner 93jährigen Traumfrau in den Genuss der Steuervergünstigung durch das Ehegattensplitting!

5.1.4   Steuerermäßigungen

Steuerermäßigungen sind Aufwendungen des Steuerpflichtigen, die er direkt von der Einkommensteuerschuld abziehen kann.

Haushaltsnahe Beschäftigungsverhältnisse

Haushaltsnahe Tätigkeiten, die im Rahmen eines Arbeitsverhältnisses in einem Privathaushalt durchgeführt werden, sind steuerlich begünstigt, wenn die Tätigkeiten einen engen Bezug zum Haushalt haben. Versorgung und Betreuung von Kindern, Kochen, Reinigung der Wohnung und Gartenpflege gehören dazu, Sprach- und Nachhilfeunterricht und Freizeitbetätigungen fallen nicht darunter.

Liegen Aufwendungen für haushaltsnahe Beschäftigungsverhältnisse vor, ermäßigt sich auf Antrag die Einkommensteuer um

- 10 % der Aufwendungen, höchstens 510,- €, bei geringfügigen Beschäftigungsverhältnissen und

- 12 % der Aufwendungen, höchstens 2.400,- €, bei anderen haushaltsnahen Beschäftigungsverhältnissen

Die Höchstbeträge von 510,- € und 2.400,- € ermäßigen sich für jeden Kalendermonat, in dem die Voraussetzungen nicht vorliegen, jeweils um ein Zwölftel.

Haushaltsnahe Dienstleistungen

Zu unterscheiden sind hierbei haushaltsnahe Dienstleistungen allgemeiner Art und bestimmte haushaltsnahe Pflege- oder Betreuungsleistungen.

Haushaltsnahe Dienstleistungen allgemeiner Art sind Tätigkeiten, die gewöhnlich durch Mitglieder des privaten Haushalts erledigt werden und in regelmäßigen Abständen anfallen. Dazu zählen:

* Zubereitung von Mahlzeiten im Haushalt
* Pflege bedürftiger Personen
* Kinderbetreuung
* Reinigung der Wohnung
* Gartenpflege
* Schönheitsreparaturen (Streichen und Tapezieren)
* Ausbesserungsarbeiten

Für die steuerliche Begünstigung bestimmter haushaltsnaher Pflege- oder Betreuungsleistungen müssen die pflegebedürftigen Personen zusätzliche Voraussetzungen erfüllen:

* Leistungen der Pflegeversicherung beziehen

oder

* Pflegestufe I bis III haben.

Andere Pflegeleistungen gehören zu den allgemeinen haushaltsnahen Dienstleistungen.

Bei Aufwendungen für haushaltsnahe Dienstleistungen allgemeiner Art, ermäßigt sich auf Antrag die Einkommensteuer um 20 % der Aufwendungen, höchstens 600,- € pro Jahr. Handelt es sich um Aufwendungen für bestimmte Pflege- oder Betreuungsleistungen beträgt der Höchstbetrag 1.200,- € pro Jahr.

Wichtig

Insgesamt darf aber für haushaltsnahe Dienstleistungen ein Höchstbetrag von 1.200,-. € nicht überschritten werden.

Sind Aufwendungen für haushaltsnahe Dienstleistungen allgemeiner Art vorhanden (z.B. 450,- €), kürzen sie den Höchstbetrag für bestimmte Pflege- oder Betreuungsleistungen entsprechend (1.200,- € - 450,- € = 750,- €).

Die Steuerermäßigung für alle diese Aufwendungen ist ausgeschlossen, wenn sie bereits als Betriebsausgaben, Werbungskosten oder außergewöhnliche Belastungen berücksichtigt worden sind.

Haushaltsnahe Handwerkerleistungen

Handwerkerleistungen für Renovierungs- und Modernisierungsmaßnahmen sowie Erhaltungsarbeiten, die im Haushalt des Steuerpflichtigen erbracht werden, können mit 20 % des Arbeitslohns der Handwerker, maximal mit 600,- € im Jahr, von der Einkommensteuer abgezogen werden. Dies gilt gleichermaßen für den Mieter und den Eigentümer des Haushalts. Handwerkerleistungen sind keine haushaltsnahen Dienstleistungen, da sie regelmäßig über Schönheitsreparaturen und kleine Ausbesserungsarbeiten hinausgehen und regelmäßig nur von Fachkräften (Handwerkern) erbracht werden können.

Ausländische Einkünfte

Bei Steuerpflichtigen mit ausländischen Einkünften ist die im Ausland bezahlte Steuer auf die deutsche Einkommensteuer anzurechnen, soweit nicht ein Doppelbesteuerungsabkommen eine andere Regelung vorsieht.

Spenden an politische Parteien

Spenden an politische Parteien dürfen zur Hälfte, höchstens 825,- € je Person, von der Steuerschuld abgezogen werden; im Fall der Zusammenveranlagung von Ehegatten höchstens 1.650,- €.

5.2 Solidaritätszuschlag und Kirchensteuer

Als Ergänzungssteuern sind Solidaritätszuschlag und Kirchensteuer zu qualifizieren, da sie immer dann zusätzlich erhoben werden, wenn Einkommensteuer bezahlt werden muss.

Solidaritätszuschlag

Seit dem 01.01.1995 wird als Ergänzung zur Einkommensteuer ein Solidaritätszuschlag zur Finanzierung der Einheit Deutschlands in Höhe von 7,5 % erhoben. Ab dem Jahr 1998 erfolgte eine Absenkung auf 5,5 %.

Bemessungsgrundlagen für diese Ergänzungsabgabe sind die Einkommensteuer und die Körperschaftsteuer, bei Arbeitnehmern auch die monatliche Lohnsteuer. Das Existenzminimum von Kindern wird durch den Abzug von Kinderfreibeträgen berücksichtigt: 1.824,- € Kinderfreibetrag und 1.080,- € Betreuungs-, Erziehungs- und Ausbildungsfreibetrag. Bei zusammen veranlagten Ehegatten verdoppeln sich die Beträge.

Folgendes Beispiel zeigt die Berechnung des Solidaritätszuschlags bei zusammen veranlagten Ehegatten mit und ohne Kinder:

Kinder und Solidaritätszuschlag

Das zu versteuernde Einkommen von zusammen veranlagten Ehegatten beträgt 60.000 €/Jahr

(a) Ehepaar hat keine Kinder

Einkommensteuer auf 60.000 €	= 11.618 €
(= Bemessungsgrundlage) · 5,5%	
= Solidaritätszuschlag	639 €

(b) Ehepaar hat zwei Kinder

zu versteuerndes Einkommen:	60.000 €	
– Freibeträge für zwei Kinder:	– 11.616 €	[2 · (3.648 + 2.160)]
verbleiben	48.384 €	
darauf Einkommensteuer	8.057 €	
(= Bemessungsgrundlage) · 5,5%		
= Solidaritätszuschlag	443 €	

Abb. 5.4:   Solidaritätszuschlag bei Ehegatten mit und ohne Kinder

Kirchensteuer

Die Finanzverwaltung übernimmt für die Kirchen den Einzug der Kirchensteuer. Bemessungsgrundlage dafür ist die Jahreseinkommensteuer nach Abzug von Kinderfreibeträgen des Steuerpflichtigen; 1.824,- € Kinderfreibetrag und 1.080,- € Betreuungs-, Erziehungs- und Ausbildungsfreibetrag. Bei zusammen veranlagten Ehegatten verdoppeln sich die Beträge.

Der **Kirchensteuersatz**, dessen Höhe in den einzelnen Kirchensteuergesetzen der Bundesländer nicht einheitlich bestimmt ist, beträgt 8 % (Baden-Württemberg und Bayern) oder 9 % (übrige Bundesländer).

Die Berechnung der Kirchensteuer erfolgt nach dem gleichen Schema wie beim Solidaritätszuschlag!

Wer keiner Kirche angehört, muss natürlich auch keine Kirchensteuer zahlen. Der Entlastung des Steuerpflichtigen in Höhe der Kirchensteuerersparnis steht aber die zusätzliche Belastung aus dem fehlenden Sonderausgabenabzug der Kirchensteuer bei der Ermittlung des zu versteuernden Einkommens für die Einkommensteuer gegenüber.

Interessant

Vereinfacht dargestellt: Ein lediger Steuerpflichtiger mit beispielsweise 60.000,- € zu versteuerndem Einkommen und einem Kirchensteuersatz von 8 % realisiert nach seinem **Kirchenaustritt** keine Steuerersparnis von knapp 1.400,- € pro Jahr, sondern nur etwa 800,- €. Da die fehlende Kirchensteuer als Sonderausgabe das zu versteuernde Einkommen nicht reduziert, ergibt sich daraus eine zusätzliche Einkommensteuerbelastung von fast 600,- € (1.400,- € · 42 % Steuersatz).

6 Wie das Finanzamt zu seinem Geld kommt: Die Steuererhebung

Für die Erhebung (Zahlung) der Einkommensteuer sieht das Gesetz unterschiedliche Verfahren vor:

- Einkommensteuererklärung
- Steuervorauszahlungen
- Lohnsteuerabzugsverfahren
- Kapitalertragsteuerabzug
- Lohnsteuerpauschalierung

In gleicher Weise werden auch immer der Solidaritätszuschlag und gegebenenfalls die Kirchensteuer erhoben.

6.1 Einkommensteuererklärung

Mit der Abgabe einer Steuererklärung beginnt ein Verfahren (Steuerveranlagung) beim Finanzamt, das zur Festsetzung einer Steuererstattung bzw. -nachzahlung führt.

Pflichtveranlagung

Am Ende eines jeden Jahres muss bis zum 31.5. des Folgejahres, zur genauen Feststellung der Einkommensteuer, eine Steuererklärung abgegeben werden. Keine Steuererklärung muss abgegeben werden, wenn

- der Gesamtbetrag der Einkünfte des Steuerpflichtigen den Tarifgrundfreibetrag (7.664,- €) und die Sonderausgabenpauschale (36,- €), insgesamt 7.700,- €, nicht übersteigt und er keine Steuervorauszahlungen geleistet hat oder
- der Steuerpflichtige ausschließlich Arbeitslohn von einem Arbeitgeber bezogen hat und andere Einkünfte von nicht mehr als 410,- € im Jahr hatte.

Unschädlich sind in diesem Zusammenhang wegen des Sparerfreibetrags (750,- €) und der Werbungskostenpauschale (51,- €) Einkünfte aus Kapitalvermögen bis 801,- € je Person (bei Ehegatten 1.602,- €).

Sind diese Voraussetzungen nicht gegeben, ist verpflichtend eine Steuererklärung (Pflichtveranlagung) abzugeben.

Antragsveranlagung

Arbeitnehmer, bei denen die Einkommensteuer durch den Lohnsteuerabzug als abgegolten gilt, wenn sie keine anderen Einkünfte mit mehr als insgesamt 410,- € je Jahr haben, können aber eine Antragsveranlagung durchführen lassen (früher so genannt und besser bekannt als Lohnsteuerjahresausgleich). Der Antrag ist innerhalb von zwei Jahren nach dem Veranlagungszeitraum (für 2007 bis 31.12.2009) beim Finanzamt abzugeben.

Die Antragsveranlagung ist für den Steuerpflichtigen in bestimmten Fällen notwendig, damit ihm zuviel bezahlte Steuern zurückerstattet werden können. Dies wird regelmäßig der Fall sein, wenn

- die monatlichen Arbeitslöhne starken Schwankungen unterliegen,
- nicht das ganze Jahr über eine Tätigkeit ausgeübt wird,
- individuelle Werbungskosten, Sonderausgaben oder außergewöhnliche Belastungen höher sind als die in den Lohnsteuertarif eingearbeiteten Pausch- und Freibeträge.

6.2 Einkommensteuervorauszahlungen

Die Einkommensteuer ist eine Jahressteuer. Der Steuerpflichtige muss jedoch auf die am Jahresende entstehende und dann genau zu ermittelnde Steuerschuld vierteljährliche Vorauszahlungen, jeweils am 10.3, 10.6., 10.9., 10.12. eines Kalenderjahres, leisten.

Die Höhe dieser Beträge wird, nach dem voraussichtlich zu erwartendem Einkommen, von der Finanzverwaltung festgelegt.

Von einer Vorauszahlung wird abgesehen, wenn sie nicht mindestens 50,- € für einen Vorauszahlungszeitpunkt (200,- € im Kalenderjahr) beträgt.

6.3 Lohnsteuerabzugsverfahren

Keine vierteljährlichen, sondern monatliche Vorauszahlungen auf die Jahressteuerschuld muss leisten, wer als Arbeitnehmer Lohn oder Gehalt aus einem abhängigen Beschäftigungsverhältnis bezieht. Bei diesen Einkünften aus nichtselbständiger Arbeit wird die Einkommensteuer durch Abzug vom Arbeitslohn erhoben (Lohnsteuer); als Zuschläge zur Lohnsteuer auch die Kirchensteuer und der Solidaritätszuschlag. Diese Teilbeträge werden als monatliche Lohnsteuer bezeichnet, die der Arbeitgeber einbehält und an das Finanzamt abführt.

Die Gesamtsumme der Lohnsteuerzahlungen (Jahreslohnsteuer) wird am Ende des Jahres mit der sich aus der Einkommensteuererklärung ergebenden Schuld verrechnet und kann zu Erstattung oder Nachzahlung von Einkommensteuer führen. Dafür, dass solche Differenzen erst gar nicht entstehen oder wenigstens möglichst gering ausfallen, sorgen die Lohnsteuerkarte sowie die Lohnsteuertabellen. So sind bereits in die Lohnsteuertabellen Freibeträge eingearbeitet, die dem Steuerpflichtigen im Rahmen seiner Einkommensteuererklärung am Jahresende zustehen.

Die Lohnsteuerkarte

Für den Lohnsteuerabzug benötigt der Arbeitgeber die individuellen Besteuerungsmerkmale des Arbeitnehmers. Grundlage dafür ist die Lohnsteuerkarte, die der Arbeitnehmer dem Arbeitgeber bei Eintritt in das Beschäftigungsverhältnis vorlegen muss; bei Dauerarbeitsverhältnissen immer vor Beginn eines jeden Kalenderjahrs. Näheres zur Lohnsteuerkarte kann unter 2.2.2 nachgelesen werden.

Die Lohnsteuertabellen und Lohnsteuerklassen

Wissenswertes zu Lohnsteuertabellen und Lohnsteuerklassen findet sich unter 2.2.2. Für Eltern ist zudem das Folgende relevant:

Ehegatten werden grundsätzlich gemeinsam besteuert. Der Lohnsteuerabzug durch den Arbeitgeber kann aber nur jeweils für den Arbeitslohn des einzelnen Arbeitnehmers durchgeführt werden. Mit der Wahl der richtigen Steuerklassenkombination wird erreicht, dass die einbehaltene Lohnsteuer möglichst nahe an die Jahressteuer herankommt, die die Ehegatten aufgrund der gemeinsamen Besteuerung schulden.

Ehegatten, die beide Arbeitslohn beziehen, können sich die Lohnsteuerkarten mit der Steuerklasse IV ausstellen lassen oder ein Ehegatte wählt die Steuerklasse III und der andere die Steuerklasse V. Die Steuerklasseneintragung auf der Lohnsteuerkarte kann man vor Beginn eines jeden Jahres von der Gemeinde ändern lassen. Ein Steuerklassenwechsel im Laufe eines Jahres ist nur einmal, bis spätestens zum 30. November, auf Antrag möglich.

Was ist für berufstätige Ehepaare besser?

Wenn beide die Lohnsteuerklasse IV wählen oder wenn ein Ehepartner die Lohnsteuerklasse III wählt und der andere sich für die Lohnsteuerklasse V entscheidet? Für Ehegatten, die in etwa gleich viel verdienen, ist die Steuerklassenkombination IV/IV die Richtige. Die Steuerklassenkombination III/V soll dann gewählt werden, wenn ein deutlicher Einkommensunterschied zwischen den Ehegatten vorhanden ist. Als Faustregel gilt hierfür: Der Ehegatte, der 60 % und mehr des gemeinsam zu versteuernden Einkommens erzielt, wird in Steuerklasse III eingestuft; der andere Ehegatte in Steuerklasse V.

Kinderfreibeträge

Freibeträge für Kinder werden nur in Verbindung mit der Steuerklasse I, II, III oder IV in die Lohnsteuerkarte eingetragen. Kinder, die das 18. Lebensjahr vollendet haben, werden nicht von der Gemeinde, sondern auf Antrag durch das Finanzamt auf die Lohnsteuerkarte eingetragen. Jedes Kind wird auf der Lohnsteuerkarte mit dem Zähler 0,5 (halber Kinderfreibetrag) berücksichtigt, da jedes Kind zwei Elternteile hat. Der Zähler erhöht sich nur unter bestimmten Voraussetzungen auf 1,0 (voller Kinderfreibetrag), z.B. für den Arbeitnehmer in der Steuerklasse III oder wenn nur ein Elternteil seiner Unterhaltsverpflichtung gegenüber dem Kind im Wesentlichen, das heißt mindestens zu 75 %, nachkommt.

Die Freibeträge für Kinder wirken sich nur auf die Höhe des Solidaritätszuschlags und der Kirchensteuer aus – nicht auf die Lohnsteuer.

Religionsgemeinschaft und Kirchensteuer

Hintergründe zur Kirchensteuer bzw. den Religionsgemeinschaften sind in Kapitel 2.2.2 nachzulesen.

Zusätzliche Eintragungen auf der Lohnsteuerkarte auf Antrag

Bereits beim laufenden Lohnsteuerabzug – und nicht erst im Rahmen der Jahreseinkommensteuererklärung – sind alle individuellen persönlichen Verhältnisse des Arbeitnehmers steuerermäßigend zu berücksichtigen. Das wird mit den in den Lohnsteuertabellen eingearbeiteten Frei- und Pauschbeträgen nur zum Teil gewährleistet. Auf Antrag des Arbeitnehmers können deshalb vom Finanzamt zusätzliche steuerlich anzuerkennende Aufwendungen auf der Lohnsteuerkarte eingetragen werden. Dazu ist ein amtlicher Vordruck auszufüllen mit der Überschrift „Antrag auf Lohnsteuerermäßigung".

Wesentliche Freibeträge im Lohnsteuer-Ermäßigungsverfahren sind:

- Kinderfreibeträge für Kinder über 18 Jahre
  Berücksichtigt werden nur Kinder über 18 Jahre, da sie noch nicht von der Gemeinde auf der Lohnsteuerkarte eingetragen sind, wenn sie insbesondere
  - arbeitslos und als Arbeitsuchende gemeldet sind bis zum vollendeten 21. Lebensjahr,
  - sich in Ausbildung (dazu gehört auch ein Studium) befinden bis zum vollendeten 25. Lebensjahr

Wichtig

Grundwehr- oder Zivildienst verlängern diese Zeiträume. Einkünfte und Bezüge des Kindes dürfen nicht mehr als 7.680,- € im Kalenderjahr betragen.

- Freibeträge wegen erhöhter Werbungskosten, soweit sie den Arbeitnehmer Pauschbetrag von 920,- € übersteigen.

- Freibeträge wegen Sonderausgaben, aber nicht Vorsorgeaufwendungen (sind bereits in den Lohnsteuertabellen berücksichtigt), soweit sie den Sonderausgaben-Pauschbetrag von 36,- € übersteigen.
- Freibeträge wegen außergewöhnlicher Belastungen.

Die Eintragung eines Freibetrages für Werbungskosten, Sonderausgaben und außergewöhnlichen Belastungen auf der Lohnsteuerkarte erfolgt nur, wenn diese Aufwendungen mindestens 600,- € betragen. Diese Antragsgrenze hat keine Bedeutung für die Pauschbeträge für behinderte Menschen und Hinterbliebene. Die Werbungskosten werden bei der Berechnung um den Arbeitnehmer-Pauschbetrag in Höhe von 920,- € gekürzt. Ist diese Voraussetzung erfüllt, werden Aufwendungen nur insoweit als Freibetrag eingetragen, als sie die Pauschbeträge für Werbungskosten (920,- €) und Sonderausgaben (36,- €) sowie die zumutbare Belastung bei außergewöhnlichen Belastungen übersteigen.

Ein Lohnsteuerfreibetrag durch das Finanzamt kann nur die individuellen Verhältnisse des einzelnen Arbeitnehmers berücksichtigen. Für Ehegatten, die beide Arbeitnehmer sind, erfolgen die Eintragungen deshalb getrennt auf den Lohnsteuerkarten.

Haben Arbeitnehmer auch noch ein zweites Arbeitsverhältnis mit Lohnsteuerkarte und fällt für den geschätzten Jahresarbeitslohn aus dem ersten Dienstverhältnis voraussichtlich keine Lohnsteuer an, können sie sich vom Finanzamt auf ihrer zweiten Lohnsteuerkarte mit Steuerklasse VI einen Freibetrag und auf der ersten Lohnsteuerkarte einen Hinzurechnungsbetrag in gleicher Höhe eintragen lassen. Klingt schon sehr abenteuerlich, dient aber dazu, den Steuerabzug durch die Klasse VI bereits im laufenden Kalenderjahr zu vermeiden.

Darüber hinaus können sich Arbeitnehmer erwartete Verluste aus anderen Einkünften (z.B. aus Vermietung und Verpachtung) – ohne Beachtung einer Antragsgrenze – als Freibetrag in die Lohnsteuerkarte eintragen lassen. Berücksichtigt wird allerdings nur der Verlust aus allen anderen Einkunftsarten, d.h. der Saldo aus positiven und negativen Einkünften.

Der Antrag auf Lohnsteuer-Ermäßigung kann bis spätestens 30. November des laufenden Kalenderjahrs beim Finanzamt gestellt werden.

Beispiel: Berechnung des Lohnsteuerfreibetrags (Eltern)

(1) Voraussichtliche Aufwendungen eines Arbeitnehmers mit zwei Kindern

Werbungskosten: 2.500 €/Jahr
Kirchensteuer: 800 €/Jahr
Spenden: 500 €/Jahr
Eigenbeteiligung an Arztkosten: 3.000 €

(2) Ermittlung der Antragsgrenze von 600 €

Werbungskosten	2.500 €
– Arbeitnehmer-Pauschbetrag	– 920 €
= Werbungskosten	1.580 €
Kirchensteuer	800 €
Spenden	500 €
= Sonderausgaben	1.300 €
Arztkosten	3.000 €
= außergewöhnliche Belastungen	3.000 €

Summe aus Werbungskosten, Sonderausgaben und außergewöhnlichen Belastungen	5.880 €

⇨ **Freibetrag wird eingetragen**

(3) Berechnung der Höhe des Freibetrages:

Werbungskosten (2.500 € – 920 €)	1.580 €
Sonderausgaben (1.300 € – 36 €)	1.264 €
außergewöhnliche Belastungen(3.000 € – 1.500 €)	1.500 €

(Bei einem Gesamtbetrag der Einkünfte in Höhe von 50.000 €
beträgt die zumutbare Belastung: 3% von 50.000 € = 1.500 €.)

= Freibetrag	**4.344 €**

Abb. 6.1:   Beispiel für die Berechnung des Lohnsteuerfreibetrags (Eltern)

6.4   Lohnsteuerpauschalierung

Die Vorlage einer Lohnsteuerkarte ist nicht erforderlich, wenn der Arbeitgeber eine Lohnsteuerpauschalierung durchführt. Für kurzfristige oder mit geringem Arbeitsentgelt beschäftigte Arbeitnehmer kann die Lohnsteuer, anstelle des Lohnsteuerabzugs nach den Eintragungen auf der Lohnsteuerkarte, mit einem festen Pauschalsteuersatz vom Arbeitgeber entrichtet werden.

Kurzfristige Beschäftigungen

1. Allgemeine kurzfristige Beschäftigungsverhältnisse

Eine kurzfristige Beschäftigung liegt vor bei gelegentlichen Beschäftigungsverhältnissen (Aushilfen), die nicht länger als 18 zusammenhängende Arbeitstage dauern. Der durchschnittliche Tageslohn darf während der Beschäftigungsdauer nicht über 62,- € liegen und der durchschnittliche Lohn je Arbeitsstunde im Kalenderjahr darf 12,- € nicht übersteigen.

Der Tageshöchstlohn gilt nicht, wenn der Arbeitnehmer sofort und unvorhergesehen (z.B. Unfall) eine vorübergehende Tätigkeit übernehmen muss.

Der Pauschalsteuersatz bei diesen kurzfristigen Beschäftigungen beträgt 25 % vom Arbeitslohn. Hinzu kommen noch 5,5 % Solidaritätszuschlag und 7 % pauschalierte Kirchensteuer auf die Lohnsteuer.

2. Aushilfstätigkeiten in der Land- und Forstwirtschaft

Werden im Rahmen einer Aushilfstätigkeit typische land- und forstwirtschaftliche Arbeiten ausgeführt (bis zur Fertigstellung des Erzeugnisses, kein Vermarkten), die nicht ganzjährig anfallen, kann der Arbeitgeber vom Arbeitslohn eine pauschale Lohnsteuer in Höhe von 5 % an das Finanzamt abführen. Hinzu kommen noch 5,5 % Solidaritätszuschlag und 7 % pauschalierte Kirchensteuer auf die Lohnsteuer.

Weitere Voraussetzungen dafür sind, dass der Arbeitnehmer keine Fachkraft ist, die Beschäftigungsdauer nicht mehr als 180 Tage im Kalenderjahr beträgt und der durchschnittliche Stundenlohn im Kalenderjahr 12,- € nicht übersteigt.

Geringfügig entlohnte Beschäftigungen

Eine geringfügig entlohnte Beschäftigung (Haupt- oder Nebenbeschäftigung) liegt vor, wenn das Arbeitsentgelt aus einer Beschäftigung - oder mehreren Beschäftigungen zusammengerechnet - regelmäßig 400,- € im Monat nicht übersteigt. Eine Zeitgrenze gibt es nicht. Zu unterscheiden sind geringfügige Beschäftigungen, die vom Arbeitgeber pauschal rentenversichert werden, und solche, bei denen der Arbeitgeber den allgemeinen Rentenversicherungsbeitrag entrichtet.

1. Geringfügig entlohnte Beschäftigungen, die vom Arbeitgeber pauschal rentenversichert werden

Entscheidet sich der Arbeitgeber für die Entrichtung eines pauschalen Rentenversicherungsbeitrages, dann muss er einen Pauschalbetrag in Höhe von 30 % des Arbeitslohnes an die Bundesknappschaft abführen. Darin enthalten ist eine Pauschalsteuer von 2 %; der Rest entfällt auf Krankenversicherung (13 %) und Rentenversicherung (15 %).

Für geringfügige Beschäftigungen in Privathaushalten gilt die Besonderheit, dass der Arbeitgeber nur einen Pauschalbetrag in Höhe von 12 % (5 % Rentenversicherung, 5 % Krankenversicherung und 2 % Steuer) des Arbeitslohns abführen muss. Der Pauschalsteuersatz beträgt folglich immer 2 %.

2. Geringfügig entlohnte Beschäftigungen, die vom Arbeitgeber nicht pauschal rentenversichert werden

Anstelle pauschaler Arbeitgeberbeiträge für geringfügige Beschäftigungen an die Bundesknappschaft abzuführen, kann der Arbeitgeber den allgemeinen Rentenversicherungsbeitrag entrichten und eine pauschale Lohnsteuer an das Finanzamt abführen. Der Pauschalsteuersatz beträgt dann 20 % vom Arbeitslohn, unabhängig davon, ob gewerblicher Bereich oder Privathaushalt vorliegt. Hinzu kommen noch 5,5 % Solidaritätszuschlag und 7 % pauschalierte Kirchensteuer auf die Lohnsteuer.

6.5 Kapitalertragsteuer

Kapitalerträge, überwiegend Zins- und Dividendeneinnahmen, werden grundsätzlich schon in dem Zeitpunkt besteuert, in dem sie dem Gläubiger zufließen. Die Stelle, die die Kapitalerträge auszahlt (im Regelfall ein Kreditinstitut), hat für Rechnung des Gläubigers der Kapitalerträge den Kapitalertragsteuerabzug vorzunehmen. Es handelt sich somit um eine Quellensteuer.

Die Kapitalertragsteuer beträgt im Regelfall 30 % von den Zinseinkünften (sog. Zinsabschlag) und 20 % von den Dividenden.

Die während eines Jahres an das Finanzamt abgeführte Kapitalertragsteuer ist eine Steuervorauszahlung und wird am Ende des Jahres mit der sich aus der Einkommensteuererklärung ergebenden Schuld verrechnet. Folgendes Beispiel unterstellt dabei die Zusammenveranlagung von Ehegatten.

Kapitalertragsteuerabzug

Einnahmen aus Dividenden	4.600 €
− 20% Kapitalertragsteuer	− 920 €
= Bankgutschrift	3.680 €

Steuererklärung

Bankgutschrift	3.680 €
+ 20% abgeführte Kapitalertragsteuer	+ 920 €
= Einnahmen aus Dividenden	4.600 €
− 50% steuerfrei	− 2.300 €
− Werbungskosten-Pauschbetrag	− 102 €
(oder höhere nachgewiesene Werbungskosten)	
− Sparerfreibetrag	− 1.500 €
= Einkünfte aus Kapitalvermögen	698 €
Steuerforderung bei einem Steuersatz von 30%	209 €
− bereits abgeführte Kapitalertragsteuer	− 920 €
= Steuerrückerstattung	711 €

Abb. 6.2:   Kapitalertragsteuerabzug und Steuerrückerstattung

Für Kapitalerträge bis 801,- € (Sparerfreibetrag von 750,- € und Werbungskosten-Pauschbetrag von 51,- €) wird keine Kapitalertragsteuer erhoben, wenn der Bank ein so genannter **Freistellungsauftrag** vorliegt. Für zusammen veranlagte Ehegatten gelten die doppelten Beträge.

Liegen die gesamten Einkünfte bei ledigen Personen unter 7.664,- € im Jahr, werden sie nicht zur Einkommensteuer veranlagt. Ist dies voraussichtlich der Fall, dann können sie sich vom Finanzamt auf Antrag eine „Nichtveranlagungs- (NV-) Bescheinigung" ausstellen lassen, die jeweils drei Jahre gültig ist. Bei deren Vorlage erhalten sie von der Bank die Kapitalerträge ohne Kapitalertragsteuerabzug ausbezahlt. Haben ledige Personen nur Kapitaleinkünfte erhöht sich die Grenze zur Veranlagung auf 8.465,- € (7.664,- € zuzüglich Sparerfreibetrag von 750,- € und Werbungskosten-Pauschbetrag von 51,- €). Für Verheiratete gelten die doppelten Beträge.

Wichtig

Eine Nichtveranlagungsbescheinigung muss dem Finanzamt zurückgegeben werden, wenn der Steuerpflichtige erkennt, dass die Voraussetzungen für ihre Erteilung weggefallen sind.

7 Schenkungen und Erbschaften: Auch die werden besteuert

Das Leben ist voller Überraschungen. Damit sich die Freude über eine Schenkung oder Erbschaft in Grenzen hält, sorgt schon das Finanzamt. Aber keine Angst – erst ab einer bestimmten Größenordnung; zumindest dann, wenn das Vermögen in der Familie bleibt.

7.1 Steuerpflichtige Schenkungen und Erbschaften

Vermögenszuwendungen zu Lebzeiten oder aufgrund eines Erbfalls können besteuert werden. Voraussetzungen sind Unentgeltlichkeit der Zuwendung und Bereicherung des Beschenkten bzw. Erben. Es wird grundsätzlich kein Unterschied gemacht zwischen Erbschaft und Schenkung, da im letzten Fall lediglich eine „Erbschaft vor dem Tode" vorliegt. Gegenstand der Erbschaft- und Schenkungsteuer ist die Bereicherung des Erben bzw. Beschenkten.

Vermögenszuwendungen können Haus- und Grundbesitz, land- und forstwirtschaftliches Vermögen, Betriebsvermögen, Anteile an Kapitalgesellschaften und sonstiges Vermögen sein. Letzteres ist praktisch gleichzusetzen mit Kapitalvermögen (z.b. Spareinlagen, Bankguthaben, festverzinsliche Wertpapiere, Ansprüche aus Lebensversicherungen).

Wertmaßstab und Bemessungsgrundlage der Besteuerung ist grundsätzlich der erzielbare Verkaufspreis (Verkehrswert) des Vermögensgegenstandes. Die Bewertung von land- und forstwirtschaftlichem Vermögen, Betriebsvermögen und Grundstücken erfolgt dagegen nach eigenständigen Verfahren, die zu von den Verkehrswerten abweichenden – niedrigeren – Ergebnissen führen können. So erfolgt die Bewertung für

• unbebaute Grundstücke auf der Grundlage von Bodenrichtwerten und
• bebaute Grundstücke nach einem Ertragswertverfahren.

Der Wert (Bodenwert) eines **unbebauten** Grundstücks ergibt sich aus:

(Bodenrichtwert – 20 % Abschlag) · Grundstücksgröße (qm)

Die Bodenrichtwerte wurden am 1.1.1996 von den Gemeinden festgelegt. Durch den generellen Abschlag von 20 % sind alle Wert beeinflussenden Merkmale abgegolten.

Der Wert (Ertragswert) eines **bebauten** Grundstücks ergibt sich aus:

durchschnittliche Jahres- Netto- Kaltmiete der letzten 3 Jahre · 12,5 %
– Alterswertminderung (0,5 % je Jahr seit Bezugsfertigkeit, maximal 25 %)
+ 20 % Zuschlag für Ein- und Zweifamilienhäuser

Bei selbstgenutzten Grundstücken tritt an die Stelle der tatsächlich gezahlten Miete eine übliche Vergleichsmiete. Es ist mindestens der Wert des unbebauten Grundstücks (Bodenwert) anzusetzen. Folgendes Beispiel zeigt die Bewertung eines Einfamilienhauses:

Beispiel: Bewertung eines Einfamilienhauses für Erbschaft- und Schenkungsteuer

Das Einfamilienhaus steht auf einem Grundstück mit einer Größe von 750 qm. Es wurde 1991 fertig gestellt und bezogen.
Die Wohnfläche beträgt 150 qm, die Nettokaltmiete 6 €/qm pro Monat und der Bodenrichtwert 250 €/qm.

Ertragswert: 150 qm · 6 €/qm · 12 Monate · 12,5 =	135.000 €
− Altersabschlag (0,5 % · 17 Jahre = 8,5 %)	− 11.475 €
= Zwischenergebnis	123.525 €
+ 20 % Zuschlag für Einfamilienhaus	+ 24.705 €
= Grundstückswert (abgerundet)	148.000 €
Mindestansatz: Bodenrichtwert (750 qm · 250 €/qm) =	187.500 €
− 20 % Abschlag	− 37.500 €
= Bodenwert	150.000 €

Der Wert des Einfamilienhauses wird mit 150.000 € angesetzt.

Abb. 7.1:   Beispiel für Immobilienbewertung im Rahmen der Erbschaft- und Schenkungsteuer

Von allen Vermögensgegenständen werden Schulden und Lasten, soweit sie in wirtschaftlichem Zusammenhang mit dem Vermögen stehen, abgezogen. Der Steuer unterliegt somit nur das Reinvermögen.

Steuerschuldner sind bei den Schenkungen der Schenker und der Beschenkte, bei Erbschaften nur der Erbe.

7.2   Steuertarif und Steuerklassen

Die Höhe der Steuer richtet sich

- nach dem **Verwandtschaftsgrad** des Schenkers / Erblassers zum Beschenkten / Erben und
- nach der Höhe der Gesamtzuwendung in einem **Zehnjahreszeitraum**.

Der Verwandtschaftsgrad hat zur Folge, dass drei Steuerklassen mit unterschiedlichen Steuersätzen zur Anwendung kommen.

Steuerklasse I:
Schenkungen und Erbschaften an den nicht geschiedenen Ehegatten, Kinder, Enkel und weitere Abkömmlinge. Erbschaften an Eltern und Voreltern.

Steuerklasse II:
Schenkungen an Eltern und Voreltern. Schenkungen und Erbschaften an Geschwister, Neffen und Nichten, Stiefeltern, Schwiegereltern und -geschwister und einen geschiedenen Ehegatten.

Steuerklasse III:
Schenkungen oder Erbschaften an übrige Erwerber.

Die drei Steuerklassen enthalten unterschiedlich abgestufte **Steuersätze** bis zu den jeweiligen Höchstsätzen.

Erbschaft- und Schenkungsteuertarif
Steuerklassen und Steuersätze

Wert des steuerpflichtigen Erwerbs bis einschließlich	Prozentsatz in der Steuerklasse		
	I	II	III
52.000 €	7	12	17
56.000 €	11	17	23
512.000 €	15	22	29
5.113.000 €	19	27	35
12.783.000 €	23	32	41
25.565.000 €	27	37	47
über 25.565.000 €	30	40	50

Abb. 7.2:   Steuersätze im Erbschaft- und Schenkungsteuertarif

Folgende Grafik verdeutlicht die progressive Besteuerung in den drei Steuerklassen in Abhängigkeit vom jeweiligen Erbschafts- bzw. Schenkungsbetrag.

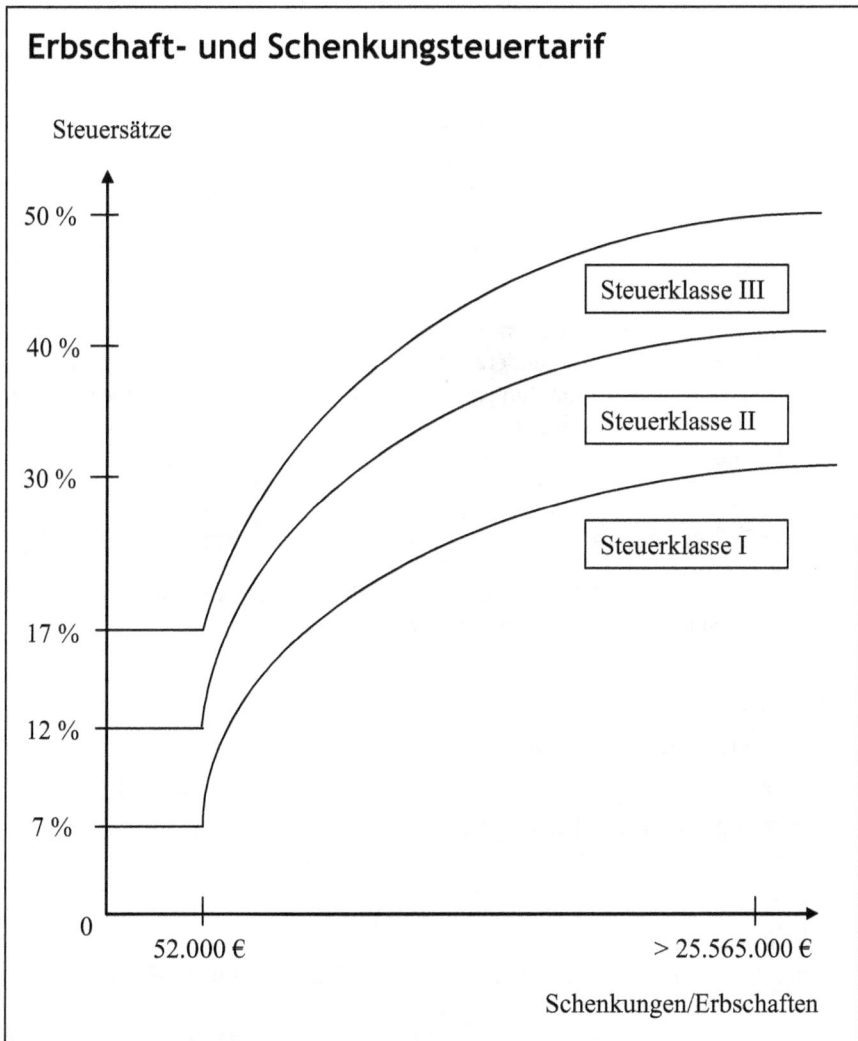

Erbschaft- und Schenkungsteuertarif

Steuersätze

Steuerklasse III

Steuerklasse II

Steuerklasse I

50 %

40 %

30 %

17 %

12 %

7 %

0

52.000 €   > 25.565.000 €

Schenkungen/Erbschaften

Abb. 7.3:   Erbschaft- und Schenkungsteuertarif

Hinweis

Eine Steuer wird erst dann erhoben, wenn sie 50,- € übersteigt.

7.3   Freibeträge

Verschiedene Freibeträge mindern das zu versteuernde Vermögen. Die Höhe der Freibeträge richtet sich zum einen nach der Steuerklasse des Erben bzw. Beschenkten und zum anderen wird der Erbfall besonders berücksichtigt.

Haushaltsfreibeträge

Der Haushaltsfreibetrag für Hausrat, Kleidung und Wäsche beträgt in der Steuerklasse I **41.000,- €** und für andere bewegliche körperliche Gegenstände, z.B. Kunstgegenstände und Sammlungen, Schmuck, Auto und Musikinstrumente, **10.300,- €**; in den Steuerklassen **II** und **III** sind es zusammengefasst insgesamt jeweils **10.300,- €**.

Persönliche Freibeträge

Die persönlichen Freibeträge richten sich nach dem Verwandtschaftsgrad des Erben/Beschenkten und sind folgendermaßen gestaffelt:

(a) Für den Ehegatten: 307.000,- €

(b) Für Kinder: 205.000,- €

(c) Für andere Personen in Klasse I: 51.200,- €

(d) Für Personen in Klasse II: 10.300,- €

(e) Für Personen in Klasse III: 5.200,- €

Wichtig

Ein Kind erhält für jede Schenkung von einem Elternteil einen eigenen Freibetrag.

Zehnjahreszeitraum

Die Freibeträge beziehen sich auf die Summe des Vermögens, welches der Beschenkte bzw. der Erbe innerhalb eines Zehnjahreszeitraums erhält. Durch Zuwendungen im Abstand von zehn Jahren können die hohen Freibeträge folglich mehrmals in Anspruch genommen werden. Von besonderem Interesse ist dies in der engeren Familie, da besonders hohe Freibeträge gelten. Außerdem werden Schenkungen des Vaters und der Mutter an ein Kind nicht zusammengerechnet. Das folgende Beispiel zeigt, dass eine richtige Aufteilung des Vermögens auf verschiedene Schenkungszeitpunkte zu Steuerersparnissen führt.

Alternative Verteilung eines Schenkungsbetrags an ein Kind in Höhe von 400.000 €

Vermögenserwerb		Freibetrag für ein Kind	steuerpflichtiges Vermögen
(1)	1. Jahr: 400.000 €	205.000 €	195.000 €
(2)	1. Jahr: 100.000 €	100.000 €	–
	5. Jahr: 300.000 €	105.000 €	195.000 €
(3)	1. Jahr: 100.000 €	100.000 €	–
	11. Jahr: 300.000 €	205.000 €	95.000 €
(4)	1. Jahr: 200.000 €	200.000 €	–
	11. Jahr: 200.000 €	200.000 €	–

Abb. 7.4: Optimale Nutzung der Freibeträge bei Schenkungen an ein Kind

Versorgungsfreibeträge

Der Versorgungsfreibetrag für den **Ehegatten** beträgt im Erbfall zusätzlich 256.000,- €. Erbschaftsteuerfreie Versorgungsbezüge aus dem Arbeitsverhältnis des Erblassers, die der Ehegatte erhält, werden aber auf den Versorgungsfreibetrag angerechnet. Lebten die Ehegatten im gesetzlichen Güterstand der **Zugewinngemeinschaft** (Normalfall), erhält der überlebende Ehegatte einen zusätzlichen Freibetrag in Höhe des Zugewinns des verstorbenen Ehegatten, d.h. der Zugewinn bleibt immer steuerfrei.

Hinweis

Die Ehegatten leben im Güterstand der Zugewinngemeinschaft, wenn sie nicht durch Ehevertrag etwas anderes vereinbaren. Das Vermögen des Mannes und das Vermögen der Frau werden nicht gemeinschaftliches Vermögen der Ehegatten; dies gilt auch für Vermögen, das ein Ehegatte nach der Eheschließung erwirbt. Der Zugewinn, den die Ehegatten in der Ehe erzielen, wird jedoch ausgeglichen, wenn die Zugewinngemeinschaft endet.

Kinder bis zum vollendeten 27. Lebensjahr können im Erbfall zusätzlich nach Alter gestaffelte Versorgungsfreibeträge in Anspruch nehmen. Sie betragen:

52.000,- € bei einem Alter bis zu 5 Jahren,

41.000,- € bei einem Alter von 5 bis 10 Jahren,

30.700,- € bei einem Alter von 10 bis 15 Jahren,

20.500,- € bei einem Alter von 15 bis 20 Jahren,

10.300,- € bei einem Alter von 20 bis 27 Jahren.

7.4   Richtig Schenken und Steuern sparen

Auch ohne den Aspekt der Freibeträge sollte ein Schenkungsbetrag immer unter Berücksichtigung des Tarifverlaufes verteilt werden, damit zumindest der Progressionsvorteil genutzt werden kann.

Das folgende Beispiel zeigt, dass es immer günstiger ist, einen Gesamtschenkungsbetrag im Verhältnis 50:50 gleichmäßig auf die Zehnjahreszeiträume zu verteilen. Der Grund liegt in der Mehrbelastung des höheren Vermögens aufgrund des progressiven Schenkungsteuertarifs, welche durch die Wenigerbelastung des geringeren Vermögens nicht ausgeglichen werden kann.

**Alternative Verteilung eines Schenkungsbetrags an ein Kind
der Steuerklasse I und an eine sonstige Person der Steuerklasse III**

Beispiel:

*   Die Vermögenszuwendung in Form einer Schenkung beträgt (nach Abzug von Freibeträgen): 1.000.000 €
*   Schenkungsvariante (1): Im 1. Jahr 200.000 € und im 11. Jahr 800.000 €
*   Schenkungsvariante (2): Im 1. Jahr 500.000 € und im 11. Jahr 500.000 €

		Schenkungsbeträge	Schenkungssteuer	
			Klasse I	Klasse III
(1)	1. Jahr:	200.000 €	22.000 € (11 %)	46.000 € (23 %)
	11. Jahr:	800.000 €	152.000 € (19 %)	280.000 € (35 %)
			174.000 €	326.000 €
(2)	1. Jahr:	500.000 €	75.000 € (15 %)	145.000 € (29 %)
	11. Jahr:	500.000 €	75.000 € (15 %)	145.000 € (29 %)
			150.000 €	290.000 €

Abb. 7.5: Steuergünstige Verteilung eines Schenkungsbetrags

Hinweis

Das Bundesverfassungsgericht hat am 31.01.2007 entschieden, dass das geltende Erbschaft- und Schenkungsteuerrecht in Teilen verfassungswidrig ist. Insbesondere die unterschiedlichen Bewertungsmethoden für Immobilien, Betriebsvermögen und Barvermögen stehen nicht in Einklang mit dem Gleichheitsgrundsatz. Mit der Verabschiedung eines neuen Erbschaft- und Schenkungsteuergesetzes wird in der ersten Jahreshälfte 2008 gerechnet. Bis zur Neuregelung bleiben die bisherigen Vorschriften anwendbar.

Literatur

Für das vorliegende Buch wurden neben veröffentlichten Urteilen von Finanzgerichten folgende Gesetzestexte, Rechtsverordnungen, und Verwaltungsanweisungen in der jeweils neuesten Fassung verwendet:

- Abgabenordnung
- Einkommensteuer-Durchführungsverordnung
- Einkommensteuer-Richtlinien
- Einkommensteuer-Richtlinien, Amtliche Hinweise
- Einkommensteuergesetz
- Erbschaftsteuer- und Schenkungsteuergesetz
- Erbschaftsteuer-Durchführungsverordnung
- Erbschaftsteuer-Richtlinien
- Erbschaftsteuer-Richtlinien, Amtliche Hinweise
- Lohnsteuer-Durchführungsverordnung
- Lohnsteuer-Richtlinien
- Lohnsteuer-Richtlinien, Amtliche Hinweise
- Sachbezugsverordnung

Da mehr als zwei Drittel der Weltsteuerliteratur in Deutsch abgefasst sind, erfolgt an dieser Stelle eine Beschränkung auf ganz wenige, ausgewählte und wirklich hilfreiche Hinweise zu Fundstellen im Internet.

http://www.gesetze-im-internet.de

Stellvertretend für viele andere Links zu Gesetzestexten im Internet sei auf die gemeinsame Seite des Bundesministeriums der Justiz und der juris GmbH hingewiesen.

http://www.bundesfinanzministerium.de

Auf der Internetseite des Bundesfinanzministeriums befinden sich aktuelle Gesetze sowie ein Lexikon zu Steuern. Zudem bietet das Bundesfinanzministerium im Rahmen seiner Öffentlichkeitsarbeit eine Reihe von Broschüren zu verschiedenen steuerlichen Themengebieten an. Die Publikationen stehen als Download zur Verfügung oder können als Druckausgaben bestellt werden.

http://www.stmf.bayern.de

Hier finden sich die vom Bayerisches Staatsministerium der Finanzen herausgegebenen Informationsbroschüren mit Steuertipps für Arbeitnehmer, Familien, Haus und Grund, Menschen mit Behinderung u. v. a. m.

http://www.steuernetz.de/

Der Online Informationsdienst für Wirtschaft, Recht und Steuern der Verlagsgruppe Praktisches Wissen stellt Gesetzestexte, Urteile des Bundesfinanzhofes, AfA-Tabellen und andere Fachinformationen gratis zur Verfügung.

http://www.steuerlinks.de/

Neben verschiedenen Steuertabellen, Gesetzestexten und anderen Steuerformularen gibt es einen kostenlosen Newsletter. Er enthält aktuelle Meldungen und vor allem Mitteilungen der Finanzverwaltung sowie Urteile der Finanzrechtsprechung.

http://www.digitalproducts.de/Steuertabelle.php

Im Internet werden eine Vielzahl von Steuertabellen und Steuerrechner angeboten. Hier sind sie kostenlos, einfach und übersichtlich zu erzeugen.

Index